부동산투자로
자수성가하기

부동산투자로 자수성가하기

초판 1쇄 발행 2022년 05월 10일
초판 2쇄 발행 2022년 05월 20일

신고번호 제313-2010-376호
등록번호 105-91-58839

지은이 장정랑

발행처 보민출판사
발행인 김국환
기획 김선희
편집 정은희
디자인 김민정

주소 서울시 강서구 마곡서로 152, 두산타워 A동 1108호
전화 070-8615-7449
사이트 www.bominbook.com

ISBN 979-11-92071-48-0 03190

아들 셋 워킹맘, 랑다르크의 부동산 투자법!

부동산투자로 자수성가하기

장정랑 지음

스스로의 힘으로 자신의 운명을 바꾼 그녀가
같은 꿈을 꾸고 있는 사람들을 위해 쓴 투자 노하우!

보민출판사

프롤로그

내가 잘할 수 있는 것은 노력이었다. 쉬지 않고 내 경력을 쌓아가는 것이 내가 나의 가치를 올리는 그것으로 생각했다. 이러한 나의 성향은 어린 시절에 받은 결핍의 결과라고 생각한다.

생계가 더 중요했고 공부를 할 수 없었던 환경이 채워도 채워도 채워지지 않는 내적 결핍으로 자리 잡았다. 11살 나는 그 어린 나이에 일해야만 했다. 내가 원해서가 아닌 가정환경이 11살 나이에 나를 서울에 있는 봉제공장에서 일하게 했다. 7년간 봉제공장에서 일하고 난 18살 인문계 고등학교에 다시 학생으로 돌아왔다. 이후 간호대학을 졸업 후 대학병원에서 간호사로 근무를 할 때도 나의 경력을 높이기 위해 자격증 공부를 지속해서 하였다. 간호사는 3교대 근무이다. 휴일이나 출근을 하기 전에 나는 병원 근처에 있는 컴퓨터학원에 등록해 혹시 모를 이직을 대비했다.

자격증은 워드프로세서, 파워포인트, 엑셀, 액세스, 포토샵 등이었다. 나는 '내가 하는 일에는 반드시 이익이 난다.'라는 신념이 있었다. 또한 '노력하는 자에게는 반드시 기회가 온다.'라는 믿음으로 살았기에 내가 하는 일의 모든 일은 성과로 이어지곤 했다.

틈틈이 컴퓨터를 배워왔던 나는 문서작업이 쉬웠다. 수술실 근무는 스크럽 간호사(Scrub nurse)와 순환 간호사(Circulating nurse) 역할을 해야 한다. 이렇게 자격증 공부를 하니 수술실 수간호사 선생님은 나에게 문서작업 도움을 요청했다. 수술실 모든 간호사가 바쁘게 뛰어다니며 근무를 하는 환경에서 나는 종종 수술 준비실 컴퓨터 앞에 앉아 수간호사 선생님의 문서작업을 도왔다.

간호사로 대학병원에 근무하면서도 틈틈이 자격증 공부를 해둔 덕에 나는 대학병원에 만 5년 근무 후 공공기관으로 이직을 할 수 있었다. 이직할 때마다 이력서에 자격증을 적어 넣으면 그렇게나 뿌듯한 느낌이 든다.

"그러면 그렇지. 미리 준비하길 잘했어."

공공기관에서는 주로 컴퓨터를 이용해 업무를 하기 때문에 적응하고 업무를 하기에 어려움이 적었다.

이렇게 나의 몸값을 높이는 데 모든 노력을 집중했다. 우연한 기회에 2013년 미분양 분양권을 투자한 경험으로 프리미엄 천만 원을 받고 매도를 하는 경험을 하기 전에는 바로 근로소득을 높이는 그것에

만 노력했던 나였다. 우연히 분양권 매수와 매도 경험을 하고 난 후 나는 많은 변화를 겪었다. 직장생활을 해서 월급만으로는 먹고 쓰고 애들 학원비 보내고 남는 것은 마이너스라는 것을 알게 되었다. 부를 이루려면 투자를 해야 한다는 생각의 전환점을 갖게 한 분양권 투자 경험이었다.

결혼하고 처음 신혼집은 전세였다. 세대가 많은 단지에서 시부모님은 40평대 거주를 하시고 우리는 같은 단지에서 24평 동향 아파트에서 결혼생활을 시작했다. 결혼 후 5년 뒤 입주를 할 수 있는 재개발 조합원 입주권(일명 딱지)을 시부모님은 준비해두신 상태였기 때문에 입주를 할 때까지 동향집에서 전세를 사는 것이었다. 동향집에 처음 살아보았다. 새벽 6시부터 눈부신 아침 태양을 맞이하면서 눈을 떠야만 했다. 여름에는 아침부터 더워도 너무 더웠다. 에어컨 없이 살던 당시 여름은 가족 모두가 북향인 작은 방으로 옮겨서 잠을 자곤 했다. 이때 나는 '정말 동향집은 살 곳이 못 되는구나.'라는 생각을 마음속 깊이 했다.

결혼 후 아이 둘이 생길 때까지 24평 동향 아파트에 거주하고 2009년 시부모님의 도움으로 재개발 아파트가 준공되어 입주하게 되었다. 직장과 아이 둘을 키우면서 출퇴근 시간으로 왕복 2시간이 걸리는 출퇴근 거리는 정말 지친 삶이 되었다. 그래서 2년 거주 후 직장이 있는 동구로 이사를 생각하게 되었다. 동구로 이사를 올 때 내가 살집을 내가 고르고 결정을 했다. 동구에서 가장 새 아파트(입주한 지 3년 된) 1층으로 이사를 했다. 아들 둘을 키우고 있고, 곧 셋째 아들이 태어날 것이기에 1년간 비어 있는 1층을 분양가보다 1천 500만 원 저렴한 가격으로 매입을 해서 이사를 오게 되었다. 이사를 할 때 자금이 많이 필요했다. 그 때문에, 기존 집에 전세를 놓고 전세금에 부족분 몇 천만 원을 더해서 거주할 아파트를 매입했다. 2010년 나는 이렇게 해서 2주택자가 되었다. 아파트를 추가 매수해서 이사하고 거주를 한 1년 정도 하니 전세를 내놓은 집과 새로 매입한 집이 둘 다 5,000만 원 이상씩 오르는 것을 보았다.

살던 집을 안 팔고 전세 레버리지를 이용해 두 번째 집을 사니 두 집의 집값이 모두 상승하는 경험을 했다.

이렇게 2주택을 소유하고 있던 나는 청약통장 관심도 없었다. 부동산 투자 관심도 없었다. 단지 직장생활을 하면서 월급을 저축하고 생활하고 나의 직장생활을 위해 몸값을 높이는 데에만 집중했었다. 2016년 남동생의 저축을 약 5년간 해서 5,000만 원의 목돈이 생기기 전까지는 말이다. 남동생은 미혼이다. '집은 있어야지 결혼이라도 할 수 있지 않겠냐?'라는 마음으로 남동생의 주거환경 개선을 위해 노력했다. 남동생은 월급 저축을 나에게 맡기고 2천만 원 보증금으로 빌라에서 전세를 살고 있었다.

'남동생 저축한 목돈을 잃지 않는 투자를 해야만 한다.'

'남동생의 주거환경을 개선해야 한다.'

이러한 마음으로 했던 남동생 부동산 투자의 첫 경험을 시작으로 민간아파트와 국민임대아파트 청약 당첨, 분양권 매수, 재개발 입주권 매수 등 직접 경험한 여러 부동산 투자법 등을 이 책에 적었다. 그러면서 부동산 초보의 독자들에게 전하고 싶은 노하우인 기본적 부동산 공부 방법, 부동산공인중개사와 함께 투자는 필수! 오프라인 온라인 활동으로 부동산 투자 고수 만나서 함께 성장하는 방법, 귀를 열고 입도 열고 내 부동산 경험을 함께 나누면서 성장하는 방법, 가지고 있는 자산을 뭉쳐서 목돈을 만드는 방법, 가족의 부를 일으켜주는 방법, 대출은 최대한 받기 등을 소개했다. 독자들 누구라도 나처럼 평범한 워킹맘이 현실적으로 이룰 수 있는 부와 부동산 투자 노하우 정보를 전달하는 것이 이 책의 역할이다.

성공한 사람들은 모두 가난을 탈피하기 위해 자신의 분야에서 엄청난 노력을 하고 결국엔 부를 이룬다. 누군가는 내게도 성공이라는 말을 할지 모른다. 하지만 나는 여기서 멈추지 않는다. 앞으로의 내 목표는 자동화 파이프라인을 더 많이 만들어서 순자산 100억, 10년 이내 퇴직이다. 다시 한 번 이야기하자면, 자본주의 시장에서는 자본수익을 늘리는 일을 반드시 해야 한다. 늦었다고 생각할 때가 가장 빠른 때이다. 수익은 실행을 통해 돌아온다. 그리고 시간을 먹고 자란다. 그래서 우리는 가장 빠르게 투자해야 한다. 바로 지금 말이다.

나는 지금 워킹맘이다. 초등학생부터 고등학생까지인 세 아들을 키우면서, 자기계발, 부동산 재테크 등을 부업으로 하고 있다. 월급은 생활비와 아이들 학원비 등을 내면 이미 마이너스다. 60세 직장생활 퇴직 후 남은 40년은 대비를 해야 한다. 모두가 부동산 투자를 하라는 것은 아니다. 각자에게 맞는 재테크 투자 방법을 찾으면 된다.

나는 현재에도 매 순간 끊임없이 생각하고 실천하고 있다.

'내가 할 수 있는 일은 무엇일까?'

'내가 즐거운 일은 무엇일까?'

'내가 깨어 있음을 느끼는 일은 무엇일까?'

2022년 부동산 재테크를 통해 어느 정도 자산을 형성하고, 부동산 투자 및 자기계발, 1인 기업 메신저 활동 등을 하고 있다. 나는 부동산 투자가 재미있고 이미 많은 수익을 내고 있다. 나뿐만 아니라 우리 친정 가족의 자산까지 몇 배로 불려놓았고, 현재 부동산 투자를 원하는 여러 많은 사람에게도 도움을 주고 있다. 그리고 더 많은 사람에게 부를 창출하는 도움을 주고 싶은 마음으로 이 책을 썼다.

이 책을 통해 여러분들 또한 동기부여를 얻고 실행을 하고 수익을 가져가는 노하우를 배울 수 있다. 가족 중 누군가 해주겠지 하는 기대는 버려야 한다. '우리 집안은 내가 일으킨다!'라는 생각으로 자신감을 갖길 바란다. 나의 투자수익 경험담을 오롯이 담은 이 책을 읽는 당신이 바로 그 행운의 주인공이다.

목차

제1장. 아들 셋 워킹맘, 복부인 되다

제2장. 가족 투자 설득의 마술

제3장. 부동산 투자는 최고의 부업이다

제4장. 아파트, 투자는 이렇게 하라

제5장. 부동산 투자 고수와의 만남은 필수다

제6장. 아파트 분양권 투자 노하우

제7장. 레버리지 투자 전세 세입자와 윈윈

제8장. 랑드르크의 부동산 투자 실전사례

에필로그 - "투자의 관심 영역을 넓힌다."

부록 - 부동산 투자 노하우

적극적인 부동산 투자를 통해 월급쟁이로 힘들게 살던 가족들에게 큰 자산을 만들어줄 수 있었다. 나뿐만 아니라 힘들게 살던 가족들 모두 잘 살게 되었으니 그것만으로도 정말 뿌듯하고 행복하다. 어떤 공부든 도움이 된다. 내가 먼저 열심히 공부해서 성공하고 어느 정도 확신이 들게 되면 나의 재능이 가족들을 일으켜 세울 수 있다.

제1장

아들 셋 워킹맘,
복부인 되다

1

결핍이 만든 부의 근력

나의 어린 시절을 생각하면, 무서웠던 아버지가 생각이 난다. 아버지의 폭력을 참기 힘들었던 어머니는 어느 날 가출을 했고, 1년이 지나도록 돌아오지 않았다. 그때 내 나이는 11살, 고작 초등학교 4학년이었다. 내 위로는 오빠 한 명, 내 밑으로는 남동생 한 명, 그렇게 삼남매였던 우리는 모두 초등학생의 나이였다.

어머니가 가출하신 뒤, 우리는 서로밖에 의지할 곳이 없었다.

어느 날 아버지는 거나하게 술에 취하신 채 집에 들어오셨다.

"모두 다 일어나! 어디, 아버지가 들어오지도 않았는데, 잠을 자고 있어!"

호통을 치시는 아버지 목소리에 번뜩 잠에서 깼다.

"이것들이 말이야! 뼈 빠지게 일하고 밥 먹여 키워도 다 소용없어!

내가 누구 때문에 일하고 있는데, 오늘 너그들 버르장머리를 좀 고쳐야겠다! 모두 앉아서 무릎 꿇고 손들어!"

잠결에 일어난 우리는 무서운 아버지가 하라는 대로 손을 높이 들고 앉아 있어야 했다. 오빠, 나, 남동생은 잔뜩 역정을 내는 아버지 앞에서 무릎 꿇고 앉아서 손을 들었다. 팔이 조금이라도 내려가거나 다리가 저려 몸을 비틀기라도 하면 아버지는 그 커다란 손으로 머리를 때리셨다. 우리는 맞아도 아무 소리 하지 못했다. 울지도 못하고 숨소리조차도 크게 내지 못했다. 두 눈은 바닥을 내려다봐야 했고, 조금이라도 아버지를 보기라도 하면, 더 많이 때리셨다. 오빠와 나는 그런 규칙을 그런대로 잘 이행했지만, 동생은 아버지의 눈치를 살피느라 힐끗힐끗 고개를 들어 아버지를 쳐다봤다가 아버지에게 많이 맞았다.

동생이 아버지에게 맞을 때마다 어린 내 맘에도 동생이 불쌍했지만, 아버지가 화났을 때는 나도 아버지의 폭력을 막아주지 못했다. 우리 삼 남매는 아버지 앞에서의 그 힘든 상황들을 자주, 함께 견뎌내야 했다. 지금 생각해도 동생에게 정말 많이 미안하고 그 시절의 우리가 많이 안쓰럽다.

아버지가 무서워서 집 밖으로 도망을 나와서 지내는 날이 잦았다. 집을 나올 때면, 마을 근처 산속에 숨어 있었다. 밥을 잘 먹지 못했던 우리는 어느 날 배가 너무 고팠다. 주위를 둘러보다가 산 옆 가장자리에 누군가가 개간한 고구마밭을 발견했다. 맨손으로 땅을 파고, 손가락 굵기만큼의 어린 고구마를 캐었다. 물도 없어서 겉에 묻은 흙을 씻어낼 수도 없었지만, 살아야 한다는 본능 때문이었을까? 옷에 쓱쓱 문질러 대충 흙을 털어내고 먹었다. 입안에 들어온 흙은 퉤퉤 뱉어가면서 허겁지겁 먹기 바빴다.

어머니가 집을 나가시고, 1년쯤 지났을까… 전화벨이 울렸다. 우리 집 가까이에 사시는 큰어머니였다.

"여보세요?"

"정랑이니?"

"네."

"혼자 있니?"

"네."

"잠깐 큰엄마 집에 와봐라."

"네."

큰어머니는 평상시에도 혼자 있던 우리를 걱정해서 반찬거리들을 자주 챙겨주시곤 했다. 이번에도 반찬 주시려고 하시나 보다 하는 생각이 들었다. 숙제하던 노트를 끝내지 않고 덮었다. 현관 옆에 걸려 있던 전신 거울을 한 번 쓱 쳐다본 뒤 슬리퍼를 신고 집을 나섰다. 큰어머니 집은 걸어서 5분 정도 걸렸다. 우리 집에서 길을 나서, 골목길로 굽이굽이 들어가면 큰집이다. 큰집의 문을 열어보니, 큰어머니가 거실에서 걸레질하고 있었다.

"큰엄마…."

"아이구, 정랑이 왔구나, 어서 와라."

"정랑아…."

안방에서 내 이름을 부르는 소리가 들렸다. 커다란 짐가방들 옆에 앉아 있던 엄마가 보였다.

'어…. 엄마네….'

그렇게도 보고 싶던 엄마였다. 하지만 마음과 달리 나는 엄마에게 선뜻 달려가지 못했다. 큰어머니 뒤에서 엄마를 바라만 볼 뿐이었다. 엄마는 오랜만에 본 나를 보며 눈물을 흘렸다. 내 이름을 부르는 엄마의 목소리가 떨렸다.

엄마를 보자마자 많은 기억이 스쳐 지나갔다. 학교에서 돌아오니 사라진 엄마, 아빠에게 혼날 때마다 보고 싶던 엄마, 길에서 제 엄마 손을 붙잡고 가는 아이들을 볼 때마다 허전한 마음이 들었던 날들이었다. 엄마를 만나면, 엄마 치마 붙잡고 다시는 놓지 않으리라 맹세했던 시간이었다. 하지만 막상 엄마를 만나고 나니, 그렇게나 그립던 엄마가 마치 신기루같이 흩어질 것만 같은 두려운 마음이 들어 가까이 다가가기가 조심스러워졌다. 나는 큰엄마 뒤에서 말소리도 못 낸 채, 다가가지도 못한 채 두 눈만 끔뻑끔뻑하며 엄마를 바라봤다. 그런 내게 엄마가 다가와 덥석 안았다.

"정랑아, 엄마가 미안해, 미안해…."

"엄마…."

나를 안아주는 엄마의 품이 안심되었는지, 그때서야 내 입에서 그렇게도 부르고 싶던 말이 나왔다. 목에서 나오는 말이 아니었다. 내 어린 가슴속 깊은 곳에서 나온 오랜 시간과 힘겨운 응어리들이 들어 있는 '엄마'였다.

"그동안 어떻게 살았니? 아버지가 무섭게 했니?"

"응, 많이 맞았어, 아버지 무서워, 엄마, 우리 엄마 따라갈래! 아버지랑 살기 싫어! 엄마 따라갈래!"

"그래, 그래! 우리 여기서 돈 좀 모아서 가자. 엄마가 다음엔 너네 데리고 갈게, 인제 너네 두고 혼자 가지 않을게."

엄마는 내 손을 붙잡고 함께 집으로 돌아왔다. 집에 있던 오빠와 동생도 엄마를 보자마자 많이 울었다. 그날 저녁 일을 마치고 퇴근한 아버지는 집에 돌아온 어머니를 보고 흠칫 놀라는 기색이었지만, 그렇다고 그 성격은 어디 가지 않았다. 아버지는 또다시 어머니를 때리기 시작하셨다. 그때마다 우리는 방 한구석에 모여 벌벌 떨며 귀를 막았다.

어머니는 그때부터 동네 이곳저곳의 일감을 받아다가 갖은 일을 하셨다. 하지만, 아버지는 어머니가 벌어놓은 돈을 들고 나가 술과 노름으로 탕진하기 일쑤였다. 돈이 모일 수가 없었다. 결국 어머니는 어렵게 마련한 15만 원을 가지고, 우리 삼 남매 손을 붙잡고 야밤에 집을 나섰다.

그 뒤부터 우리 삼 남매를 키우기 위한 어머니의 생활고는 시작되었다. 그리고 아버지는 어느 날 갑자기 사라진 가족들을 찾기 위해 여기저기 수소문을 하며 우리를 찾아다녔다. 이혼 신고를 하지 않은 채 야반도주하듯 나왔기에 아버지는 동사무소의 도움을 받으면 우리를 찾아낼 수 있었다. 이사 온 곳에서 학교 다닐 때 운동장에서 있던 수업 시간이었다. 담임선생님이 나에게 다가오시며, "너를 누가 찾아왔는데…."라고 말씀하셨다. 나는 직감적으로 아버지라는 것을 알았다. 바로 교실로 뛰어갔다. 가방을 챙겨서 나오다 아버지를 정면으로 마주했다. 너무 놀라 심장이 멎을 것 같았다. 가방과 신발을 다 팽개치고 황급히 반대쪽 문으로 달아났다. 그리고 2학년 교실에 다니고 있는 남동생을 데리고 학교 뒷산으로 도망을 쳐 집으로 왔다. 하지만 아빠는 이미 집에 와 있었다. 이렇게 우리는 아빠에게 붙잡혀 고향집으로 다시 들어와 살았다. 그 이후 우리는 다시 한 번 더 도망을 쳤다. 우리 삼 남매는 아버지가 다시 또 찾아올까 두려워 더는 학교에 다닐 수 없었다.

하지만 우리는 공부 못하는 것은 크게 개의치 않았다. 무서운 아버지에게 들키지 않고 엄마와 오빠, 남동생, 우리 4식구끼리 맘 편하게 사는 것이 더 좋았다.

2

초등야학부터 석사까지

초등학교 4학년 중퇴를 끝으로 더는 학교에 다니지 않고, 서울에 있는 봉제공장에 취직했다. 1988년, 한참 88올림픽으로 나라가 들썩이던 해였다.

아직은 어린 11살, 광주에 살던 나는 엄마와 형제들과 떨어져 혼자 서울로 왔고 '드드드' 미싱 돌아가는 소리가 가득한 봉제공장 한켠에서 일하기 시작했다.

어색한 공간에 서서 낯선 어른들을 마주했다. 아주머니 아저씨들은 다들 '어린 애가 공장에 일하러 왔다.'라며, 짠한 눈으로 나를 봤다. 여자들이 쓰는 숙소는 방이 아주 컸다. 15~20여 개 정도 되는 나무로 만들어진 개인 사물함은 한쪽 벽면을 차지하고 있었고, 사물함 위엔 이불이 가지런히 개어져 있었다. 개인 사물함 위에 올려진 이불을 보니, 어린 내 눈엔, '잠자는 숲속의 공주'가 누워 있는 침대와 같이 생각이 들었다. 한 번씩 올라가서 잠을 자는 척 공주의 흉내를 내다가, 그 포근한 느낌에 진짜로 잠이 들기도 했다. 안전 가드도 없는 위험한 높이에서 떨어지고, 등과 허리가 아픈 충격에 "엄마!" 하며 혼자 방 안에서 울었다.

시끄러운 재봉틀 소리와 흰 실밥 먼지들 사이에서 쪽가위를 들고 어른들과 함께 실밥을 잘랐다. 실밥을 자르다 옷감을 자르기도 하고, 손을 베이기도 했다. 내 옆에 계셨던 정자 이모님은 늘 내가 자른 옷감을 한 번씩 더 봐주시곤 했다. 점심시간에 밥을 먹을 때면, 도시락 뚜껑에 밥과 반찬들을 나눠주셨다.

공장에서 제일 어렸던 나는 함께 일하는 어른들의 사랑을 받으며 자랄 수 있었다. 하지만 어린 내가 일하기엔 봉제공장의 일과는 너무 힘들었다. 새벽 6시에 일어나 씻고, 아침밥을 먹고 12시까지 계속해서 쉴 틈 없이 일했다. 점심 먹는 시간까지 한 시간 정도 쉰 후 오후 7시까지 서서 일하는 시간은 계속되었다. 지루하고 힘들었다. 일하기 시작한 첫 달은 수습사원으로 월급도 없었다. 맘이 좋지 않았지만, 공장의 규율상, 어쩔 수 없었다. 다음 달의 월급은 6만 원, 함께 일하는 언니의 도움으로 은행에 가서 통장을 만들고, 5만 원을 저축했다.

5년 뒤 엄마의 병환 소식에 광주로 내려가 보니, 오빠는 타지에 일하러 나갔고, 남동생은 엄마를 돌보고 있었다. 나는 그때 15살이었지만, 다시 학교에 다닐 생각은 하지 못했다.

엄마와 남동생과 한집에 살며, 같은 동네의 '성용실업'이라는 봉제공장에 취직했다. 나는 어디를 가나 열심히 일했다. 함께 일하시는 분들도 "아이들은 눈이 참 맑아!" 하시며 나를 예뻐해주셨다. 성용실업 사장님은 그런 내게 "너 같은 아이 10명만 있으면 좋겠다."라면서 자주 칭찬해주셨다.

공장에서 일하면서 좋은 사람들도 많이 만났다. 나보다 5살이 더 많았던, 미숙이 언니는 내게 자주 공부를 하라고 했다. 초등학교 야학 과정을 알아봐주고 함께 가서 등록까지 마치게 해주었다. 나는 낮엔 봉제공장에서 일하고 밤엔 열심히 공부했다. 일하는 것도 재미있었지만, 공부는 더 재미있었다. 5개월 만에 검정고시로 초등과정 통과, 다시 또 중등과정을 배울 수 있는 야학으로 옮겼다. 중등과정 야학에서도 나는 제일 막내였다. 어른들 사이에서 열심히 공부하고 있는 내가 선생님들 사이에서도 기특해 보였나 보다. 나를 맨 앞에 앉혀주고 내가 이해되었는지 자주 질문해주었다. 어른들은 내 책상에 자주 먹을 것을 나눠주셨다. "감사합니다."라는 인사를 드리며, 가방 안에 간식을 넣어와서 엄마, 동생과 함께 나눠 먹었다.

중등 검정고시 통과 후, 선생님과 함께 공부하던 분들 모두 축하해주셨다. 선생님들의 도움으로 인문계 고등학교에 들어갔다. 특히나 나를 예뻐해주셨던 '김문수' 선생님은 내가 고등학교에 들어간 이후에도 지속해서 연락해주셨다. 공부만 하는 것도 힘이 드니 문화생활도 해야 한다면서 한 번씩 영화도 보여주시고 맛있는 점심도 사주셨다.

고3 때 엄마가 나를 대학에 보낼 돈이 없으니 상고로 옮기라고 성화였을 때 나는 우는 것 말고는 할 수 있는 일이 없었다. 이때 김문수 선생님은 엄마에게 전화하셨다.

"정랑이는 공부를 잘할 것이고 돈이 그렇게 많이 들지 않을 것입니다. 대학등록금은 제가 내드릴 테니 걱정하지 마시고 대학에 보내주십시오."

엄마는 선생님의 전화를 받으시고 진정을 하셨고, 나는 중학교 때부터 일했던 오빠의 도움으로 대학에 진학할 수 있었다. 집안 형편이 어려웠던 터라 취업이 잘 되는 간호대학에 입학을 한 뒤 대학병원 간호사로 취직을 했고, 지인의 소개로 만난 남편과 결혼을 했다.

결혼한 뒤에도 나는 공부에 목말랐다. 아이를 낳아 키우며 일을 하면서도 난 계속 공부를 이어갔다. '준비하는 자에게는 기회가 온다.'라는 신념이 있기에 대학원을 졸업하면 더 좋은 일자리로 이직을 할 수 있을지 모르니 가방끈을 더 길게 할 필요성을 느꼈다. 아들 셋 육아를 하며 시어머님과 남편의 도움으로 주말에는 서울에 있는 대학원을 다녔다.

월요일부터 금요일까지 일을 하고 토요일 새벽 3시 30분에 일어나 씻고 고속버스터미널로 향했다.

5시 버스를 놓치면 지각을 하기에 난 토요일 새벽공기를 마시며 뛰었다. 공부에 대한 결핍이 나를 초인으로 만들었다. 공부할 때면 나 자신을 채워가는 느낌이 들었다. 낮엔 일하고, 밤엔 공부하며 치열한 시간으로 삶을 살았다. 10대엔 봉제공장에서 일하며, 20대에는 간호사로 워킹맘을 하며 잠자는 시간을 쪼개어가며 공부했고, 30대에는 아들 셋을 키우며 셋째 아들이 4살 때 시작한 대학원 석사과정을 2016년도에 마쳤다.

가족들은 나를 정말 대견하게 생각했다. "내 동생이지만 정말 대단하다. 너같이 열심히 하는 애는 드물 것이다. 정말 고생했다."라고 오빠도 남동생도 축하해주었다.

나를 사랑하고 축하해주는 가족들 속에서 나도 나에게 진심으로 축하 인사를 해주었다.

3

부동산으로 집안을 일으키다

2013년쯤 부동산 일을 하는 남편의 친구 아내에게 전화를 받았다. 약 3,000세대의 대단지 아파트인데 저층 위주로 200세대 정도 미분양이 났다. 1,000만 원의 계약금으로 34평 아파트 분양권을 살 기회라며, 분양권 매수 추천을 해주었다.

광주 동구 화정동은 남자 학군이 잘 되어 있었다. 아들만 셋이었던 나는 아이들이 중학교 들어갈 때를 생각하고 1,000만 원 계약금으로 분양권을 매수했다.

미분양이 난 힐스테이트 아파트 1단지, 2단지, 3단지 중, 초등학교가 가장 가까운 3단지 아파트는 어린 자녀를 둔 부모들에게는 가장 인기가 있었다. 횡단보도를 건너지 않고 도보만으로 학교를 갈 수 있던 3단지 아파트는 꼭 다른 사람에게 팔리지 않더라도 내가 들어가 살아도 아주 좋아 보였다. 주로 1~3층의 저층으로 약 200세대 미분양으로 남아 있었는데 난 동향이지만 저층보다 높은 8층을 선택했다.

그 당시 내게 있던 투자금은 1,000만 원이 다였다. 이렇게 시작된 나의 첫 물건 아파트 분양권 화정동 현대힐스테이트 3단지 8층 동향 34평을 소유하게 되었다.

계약한 후 얼마 지나지 않아 계약 관련 서류가 집으로 등기우편 배달되었다. 남편과 상의하지 않고 집을 계약했던 우리는 이때부터 전쟁이 벌어졌다. 등기우편물을 보고 너무 비싼 아파트를 샀다며, 남편은 나를 들들 볶기 시작했다. 투자가 실패할까봐 남편은 밤에 잠도 잘 못 잤다. 결국 남편 성화에 못 이겨 6개월 후 힐스테이트 아파트 프리미엄 1,000만 원을 받고 양도를 했다. 매수자와 중도금 대출 승계를 해야 해서 은행에서 만났다. 나는 물끄러미 그 여자분을 바라보았다.

'나에게 비싼 아파트를 프리미엄 1,000만 원이나 더 주고 사는 저 여자분은 어떤 마음으로 매수를 했을까?'

그분에 대한 나의 걱정은 쓸데없는 걱정이었다. 그분께 내가 판 아파트의 가격은 그 이후 쭉쭉 올라갔다. 입주 때 1억 정도 올랐으며 입주 후 2년 정도 때 또 1억이 올랐다. 아파트 가격은 어느새 4억을 훌쩍 넘었다. 내가 계약할 당시 2억 5,000만 원이던 화정동 현대힐스테이트 아파트 가격은 2022년 현재 매도 호가 7억 5,000만 원이다. 남편 또한 본인의 압력으로 빨리 팔았기에 큰 수익을 놓친 것을 적잖이 아쉬워했다. 우리 부부는 자고 일어나면 올라가는 아파트 가격을 보며 속이 쓰려 잠을 못 자기도 했다. 이후, 힐스테이트 아파트는 우리 부부에게는 금기시된 단어였음이, 서로를 위해주는 규칙이 되었다. 그 이후 남편은 나의 부동산 투자를 전적으로 밀어주는 지원군이 되었다.

이때 난 분양권 투자를 처음 경험했다. 물론 그 아파트를 더 가지고 있었더라면 더 큰 수익이 났을지 모르지만, 나는 아파트 분양권만으로도 수익이 날 수 있다는 값진 경험을 했다. 그럴 뿐만 아니라 부동산은 장기 보유하는 것이 높은 수익으로 돌아오는 것을 확실히 알게 되었다.

첫 아파트 분양권 매수 경험을 토대로 나는 온 가족의 부를 늘려주는 역할을 하게 되었다. 2016년 3월쯤, 나와 남동생은 청약통장을 넣고 84㎡ 청약을 넣을 수 있게 250만 원 이상을 6개월 이상 가입한 상태로 1순위 대상자였다. 2016년 3월 광주 북구 연제동에 골드클래스 약 300세대 일반분양아파트 청약이 나왔다. 남동생과 나는 25평에 청약을 넣었다. 세대 수 적고 입지 또한 그렇게 좋지 않은 광주 북구, 외곽에 있는 아파트였다. 25평 아파트청약에 남동생과 나 미분양으로 인해 둘 다 당첨이 되었다. 나는 2주택자임에도 불구하고 2순위로 청약에 당첨이 되었다. 남동생이 당첨된 동호수는 뒷동 7층, 나는 맨 앞동 11층이었다. 하지만 난 미분양이 난 아파트에 2개나 계약을 하기가 부담스러운 생각이 들었다.

분양사무실과 통화하여 남동생과 내가 25평에 둘 다 당첨되었으나 사정상 1개만 계약을 하고 싶다는 의사를 밝혔고, 내가 당첨된 앞동 11층을 남동생 명의로 계약하고 싶다는 말도 전했다. 청약 미달로 미분양이 난 아파트의 분양사무실에서는 웬만하면 당첨자의 말을 들어준다.

이렇게 해서 맨 앞동 로열층인 11층을 1,000만 원가량의 계약금으로 남동생 명의로 계약을 성사시켰다. 그 뒤 거의 2주에 한 번쯤 공사현장에 답사하러 갔다. 그리고 지역 부동산 신문인 사랑방신문에서 아파트 분양권 가격이 어떻게 변화가 있는지 매달 체크를 하였다. 분양권 가격은 아주 미비하지만, 꾸준히 올라갔다. 100만 원, 200만 원, 400만 원, 그리고 1년, 2년이 지나면서 6백만 원, 8백만 원, 1,000만 원, 2,000만 원 이렇게 올라 사랑방신문에 매물이 나왔다.

분양 후 2년이 지나 2018년 2월 준공되고 입주 때가 되었다. 입주할지 매도를 할지 결정을 해야 했고, 미혼인 동생은 자금 사정도 안 좋은 데다가, 새 아파트 25평에 혼자 사는 것을 부담스러워했다. 결국 남동생은 매도를 선택했고, 한 달 이내 집이 팔렸다. 이때 나는 신기한 점을 발견했다. 입주하는 아파트 단지 내 상가 부동산이 아니라, 멀리 떨어진 부동산에서 거래가 성사되었다.

분양권은 평면도를 통해 거래가 이루어지기 때문에 거리가 먼 부동산에서도 매수자를 찾을 수 있었다. 멀리 있는 부동산에서 이렇게 빨리 내가 원하는 가격에 너무 시원스럽게 매도가 된 것이 마냥 신기했다. 이후 이렇게 인연이 된 부동산공인중개사를 통해서 재개발 구역 내 조합아파트를 매수하게 되었다.

미혼인 남동생이 결혼하려면 집이라도 한 채 있어야 하지 않겠느냐는 마음에서 시작한 부동산 투자였다. 남동생은 좋은 아파트를 저렴한 가격으로 매수를 했고, 앞으로의 기대수익 또한 높게 생각하고 있다.

이쯤 되면 나는 엄마와 함께 거주하는 미혼인 오빠를 생각하지 않을 수 없었다. 오빠는 오랜 기간 직장을 다니며 모은 돈으로 주식 투자를 했다. 매달 30만 원씩의 수익률을 기대했던 오빠는 대략 2억의 손실을 봤다. 몇 십 년간 일해서 모은 돈 대부분을 잃은 오빠의 주식통장 잔고는 9,000만 원 정도였다. 남동생의 부동산 투자를 도와 수익을 눈으로 보기 전 오빠는 본인의 월급이 어느 정도인지, 모아놓은 자산은 어느 정도인지 공개를 하지 않았다. 그러나 이대로 가면 안 되겠다는 것을 알게 된 오빠는 2019년 주식에서 모든 주식을 매도했고, 약 9,000만 원을 나에게 맡겼다. 남동생의 월급을 저축해주고 부동산 분양권 거래를 통해 수익이 나는 것을 한 4년간 지켜본 후에 말이다.

오빠는 연세가 많으신 엄마와 화순군 화순읍 주택에서 함께 거주했다. 서로를 돌봐준다고 말하긴 하지만 이미 둘 사이는 감정의 골이 깊어졌다. 같은 공간에 살며 언성이 높아지는 엄마와 오빠를 보며, 나는 오빠를 독립시켜야겠다고 생각했다. 그때 오빠 나이 45살이었다.

분가를 하려면 집이 있어야 한다. 나는 신축 아파트를 좋아하기 때문에 내가 입주를 하는 아파트 단지의 분양권 매수를 오빠도 함께하도록 했다. 5인 가족인 나는 46평에, 오빠는 34평에 입주를 했다. 모든 절차와 비용처리 문제에 대한 정보를 제공해주었다. 2019년 4월 입주 때 70% 잔금대출을 해야 입주가 가능했지만 2년 실거주해야, 양도 차익 부분에서도 이익이 날 수 있으므로, 나는 잔금 문제를 걱정하는 오빠를 최대한 설득해서 입주를 도왔다.

남동생은 국민임대 17평에서 살고 있었고 '제일 풍경채' 재개발 아파트 입주까지 3년이 걸리기 때문에 남동생을 설득해 오빠와 내가 입주를 한 '○○ 아파트'의 26평 분양권을 매수하도록 했다. 2019년 11월 남동생 또한 내가 사는 아파트로 이사를 왔고, 2022년 현재까지 같은 단지에서 나는 46평, 오빠는 34평, 남동생은 26평으로 각각 동호수를 달리해서 거주하고 있다.

춥고 불편한 시골의 주택에서 거주를 하는 엄마를 생각했다. 명절이나 가족 모임날 엄마 집을 방문할 때면 나는 엄마 집에서 잠을 자지 않고 볼일만 보고, 광주에 있는 내 집으로 그냥 돌아온다. 2019년 엄마가 사는 화순읍에 일군 브랜드인 현대힐스테이트가 일반분양을 한 것을 알았다. 나는 엄마를 설득했다.

"엄마 집은 너무 추워요. 엄마 건강상 안전하게 아파트에 살아보는 것은 어때요?"

이렇게 엄마에게 이야기하고 화순 현대힐스테이트가 들어서는 아파트 위치를 탐방시켜 드렸다. 오랜 기간을 살아온 시골집을 좋아하시긴 하지만, 자식들 불편해하는 모습이 못내 아쉬웠던 어머니는, 아파트가 들어설 곳이 읍내 시장과 가까운 것 하나만으로도 좋다고 하셨다.

나는 바로 분양권을 알아보기 시작했다. 분양권의 가격은 층별, 향별, 타입별 가격이 많이 차이가 났다. 난 지역 부동산신문에 나온 분양권 중에서 프리미엄이 가장 낮으면서도 층은 높은 매물을 확인했다. 지난번 남동생의 분양권과 재개발 입주권 매수를 도와준 부동산에 화순 현대힐스테이트 아파트를 알아보니, 남서향인 14층의 아파트 한 곳의 프리미엄이 분양 나온 아파트 중 가장 저렴한 200만 원이었다. 그래서 이 아파트를 사겠다는 의사를 밝히고 분양권 매수를 했다.

이렇게 내가 우리 가족의 부동산 투자 조언 및 물건 선택을 도와준 결과, 우리 가족 모두는 수십억대의 자산 형성을 하게 되었다.

나는 우연히 분양권 매수에 투자했다. 그로 인해 부동산에 눈을 뜨게 되었고, 꾸준한 관심으로 부동산의 입지 분석을 하는 눈을 키웠다. 정확한 입지 분석과 적극적인 부동산 투자로 월급쟁이로 힘들게 살던 가족들에게 큰 자산을 만들어줄 수 있었다. 나뿐만 아니라 힘들게 살던 가족들 모두 잘 살게 되었으니 그것만으로도 정말 뿌듯하고 행복하다. 어떤 공부든 도움이 된다. 내가 먼저 열심히 공부해서 성공하고 어느 정도 확신이 들게 되면 나의 재능이 가족들을 일으켜 세울 수 있다.

4

나만의 부동산 투자법

많은 자산을 소유한 사람들은 경제에 대한 관심과 실행력이 있다. 실행하는 사람과 실행하지 않는 사람의 차이는 엄청난 결과를 가져온다. 나만의 부동산 투자법의 핵심은 부동산에 관심이 있고, 그 관심지 물건이 있다면 매수(실행)를 하는 것이다.

부동산 투자에 있어서 실행하는 사람과 그렇지 않은 사람의 차이는 무엇일까? 내 생각에는 투자 즉, 실행이 어려운 분은 걱정과 불안이 많다. 부동산을 소유했을 때 얻게 되는 투자수익보다는 부담이 되는 대출, 주택 수, 양도세 등으로 걱정이 많다.

반면, 부동산 투자를 실행하는 사람은 소신과 자신에 대한 믿음이 있다. 걱정과 불안을 이겨낼 수 있는 자신에 대한 믿음 말이다.

투자는 개인 성향인 것 같다. 나는 뭐든지 준비하는 자에게 기회가 온다는 삶의 철학이 있다. 또한 걱정 따라서 못하는 것보다 실행하는 것을 좋아한다. 투자를 함에 있어서 준비과정이 필요하다.

첫째, 부동산에 대한 이해 및 지식은 필수이다. 지식을 얻기 위해서 내가 한 방법은 도서관에서 경제 관련 책을 빌려 읽는 것이었다. 주로 아파트 투자에 관심이 있기 때문에 아파트에 관련된 책을 빌려 읽었다. 도서관에서 계속해서 책을 계속 빌려가니 직원이 저에게 질문을 했다. “책이 도움이 많이 됩니까?”라고. 나는 당연히 “도움 많이 돼요.”라고 했다. 책을 통해서 간접적으로 어떤 아파트가 오를지를 미리 경험하는 것이다. 그 책의 저자가 실행하고 얻은 노하우를 난 책을 통해 간접경험을 하는 것이다. 그것도 무료로 말이다. 또한 알라딘 중고서점에 가서 관심이 가는 내용에 대한 경제 도서를 저렴하게 구입해서 읽었다. 그리고 직장 내 도서관에서 부동산 관련 책을 빌려보았다. 부동산에 대한 이해 및 지식이 부족하니 내가 할 수 있는 방법은 책을 읽는 것이 최고의 경험이 되었다.

둘째, 투자 자본 마련이다. 부동산 투자는 투자금이 있어야 한다. 내 투자 시점은 바로 투자 자본이 있을 때였다. 투자금을 어떻게 마련하는지는 많은 곳에서 알려주고 있다. 종잣돈을 모으는 방법은 바로 저축이다. 일정 기간 저축을 해서 목돈을 마련해야 한다. 투자금으로는 적게는 2천만 원에서, 많게는 1억의 종잣돈이 있다면 투자를 해볼 마음이 생긴다.

처음 투자하는 사람들은 적금을 해지하기를 두려워한다. 알뜰살뜰, 차곡차곡 모은 안전자산인 적금을 해지하고, 큰돈이 들어가면서도 대출이 들어갈 수밖에 없는 부동산 투자를 한다고 생각하기란 쉽지 않다. 나는 첫 투자는 저축한 돈으로 했으며, 이후에는 각종 적금 해지 그리고 대출을 활용했다.

셋째, 실행이다. 부동산 투자 실행을 할 때 방문하는 곳은 한 곳이다. 바로 부동산공인중개소다. 관심지 물건이 있는 주변의 부동산에 들러서 시세 및 현황 등을 파악한다. 또한 좋은 매물이 있는지 물어보고 물건에 대한 정보를 듣는다. 마음에 드는 물건이 있으면 물건을 보여달라고 해서 눈으로 확인을 한다. 그 물건에 대한 분위기를 느끼고 물건의 상태를 잘 파악을 해야 한다. 내가 했던 방법은 매수하고자 하는 물건이 있다면 가격적인 흥정은 별로 안 한다. 거래를 성사시키기 위해 매수가격이 적정하다고 하면 거의 나온 물건의 가격을 주고 매수를 한다.

넷째, 기다려야 한다. 부동산은 시간을 먹고 자란다. 투자해도 시간은 지나가고 투자를 안 해도 시간은 지나간다. 시간을 내 편으로 만드는 일이 중요하다. 어떤 투자는 매수 후 일정 시간이 지났을 때 매매가가 상승하고 매도수익으로 돌아온다. 이렇게 부동산 투자를 하려고 한다면 내가 했던 방법처럼 미리 책으로 간접경험을 쌓고 종잣돈을 모으는 과정을 동시에 거친 다음 부동산공인중개사를 통해 물건을 매매하는 실행을 하는 것이 중요하다. 이후에는 매물의 시세 변화를 관찰하며 매도 타이밍을 계획한다.

경험은 돈을 주고 살 수 없다. 첫 경험이 부동산 투자의 방향을 결정한다. 한 번 가본 길은 수월하다. 그러나 가보지 않은 길은 막연하게 느껴지고 생각만으로는 힘들다. 실행하지 않는 방법이 더 쉽게 느껴진다. 그렇기에 첫 경험을 하는 것이 가장 중요한 법이다. 첫 부동산 투자 경험으로 인해, 그다음의 물건을 선택하는 방법, 자금을 마련하는 방법, 그리고 투자수익을 기대하는 기대치 등이 형성된다.

보통 결혼하여 실거주 1채를 매매하는 경우가 많다. 실거주라도 이 부동산 매수 경험이 정말 중요하다고 생각한다. 나는 첫 주택을 전세를 주고 실거주지를 매수했던 경험이 있다. 가난하게 살다가 결혼 후 일시적 1가구 2주택도 모르고 우연히 2채를 소유하게 된 경험이 지가 상승을 경험하게 해줬다. 고민할 시간에 행동해서 그에 대한 경험으로 안목을 키워라. 기회는 준비된 자에게 온다. 틈틈이 부동산에 대한 정보 및 지식을 쌓고 관심지에 물건을 매수하는 경험을 해보길 바란다.

다섯째, 온라인과 오프라인 활동을 해서 나보다 고수를 만났다면 꼭 하나라도 얻어가라. 내가 경험한 부동산 투자의 핵심이다. 나는 부동산 투자에 경험이 부족하고, 지식 또한 부족함을 알고 있다. 오프라인에서 쉽게 만날 수 있는 사람은 부동산공인중개사이다. 알고 지내는 공인중개사가 없다면 내가 관심 있는 지역의 공인중개사무소에 갈 수밖에 없다. 공인중개사무소에 들를 때면 난 이렇게 생각하고 행동했다.

'내 해답은 이곳에 있다.'

부동산공인중개사님은 본인들의 수익을 위해 일을 한다. 나 또한 나의 수익을 위해 부동산공인중개소 사무실에 방문한다. 서로 윈윈하는 관계이다. 믿고 따르며 함께 정보를 공유하며 물건 투자를 하면 된다. 단, 신뢰는 어떤 식으로라도 확인해야 할 것이다.

나는 내 자본의 출처를 공개했다. 투자해서 잃지 않는 투자를 해야만 한다고 강조하는 마음에서 내 자본의 출처를 공개했다. 그리고 내 자본수익을 내줄 만한 분이 당신임을 확인시켜 준다. 예로 좋은 물건이 나오면 바로 거래하겠다고 한다.

온라인에서는 대표적으로 부동산 카페나 카카오톡 단체방에서, 많은 투자 고수와 이웃을 만난다. 이곳에서 정보를 얻고, 또 몇몇은 오프라인 모임으로 이어져 본인들의 투자사례를 공유하고 현재 가장 합당한 투자금 및 투자처 등의 정보를 공유한다. 이곳에서 얻은 정보로 투자사례까지 이어지도록 해야 한다. 왜냐하면 부동산은 시간을 먹고 자라기 때문에 좋은 물건의 정보를 들었고 자본이 있다면 일단 들어가야 한다. 어렵게 생각하지 말자. 자신의 자본 한계 및 리스크가 감당할 범위가 된다면 믿고 들어가자.

좋은 투자처를 알고도 실행하지 않으면 그 정보는 아무 소용이 없다. 오빠는 그동안 나를 지켜보았고 내 투자정보를 어느 정도 신뢰를 하고 있었다. 그래서 내가 제안을 했을 때 5분 만에 대답해준 것이다. 오빠도 알고 있을 것이다. 본인이 몇 십 년간 투자해온 주식은 점점 그 투자원금이 줄어들고 더 이상 수익으로 돌아오지 않는다는 것을 말이다.

제2장

가족 투자 설득의 마술

1

사랑이 투자를 알게 하다

남동생은 회사 근처로 분가를 해서 살았다. 첫 주거지는 자기 스스로 마련한 투룸에서 전세 2,000만 원에 살았다. 임대 기간이 끝날 때쯤 나는 동생에게 이사를 권했다. 전세보증금을 잃을 일이 없는 50년 영구임대아파트 12평으로 빌라보다 더 괜찮다고 생각해서이다. 이 영구임대아파트 또한 청약에 당첨이 되어야 한다. 회사 근처 가까운 50년 영구임대아파트에 청약이 되었고, 12층 남향으로 이사를 했다. 영구임대아파트 관리사무소에서 입주 전 도배도 새로 진행해주었다. 이처럼 관리를 해주기 때문에 개인 소유의 빌라보다는 여러 모로 안정적이라 생각해서 추진한 일이었다.

살기에는 편했으나 너무 오래된 것이 마음에 걸렸다. 나는 새것을 좋아하는데 남동생이 거주하는 50년 영구임대아파트는 1990년식이었다. 그래서 2009년식인 국민임대주택으로 옮길 수 있도록 청약해보라고 권했고, 17평 국민임대주택에 당첨이 되어서 2016년 입주할 수 있었다.

"이곳에서 산다고 하니 벌써 설렌다."

입주할 당시 남동생의 첫 마디였다. 국민임대는 보증금 약 2,500만 원에 월 15만 원이었다. 이 정도면 1인 가구인 남동생이 거주하기에 좋은 주거환경이었다. 저렴한 보증금과 월세로 살면서 저축은 꼬박꼬박 내가 해주었다.

이처럼 내가 투자를 모르던 시절에는 주거 안정을 위해 저렴한 국민임대 17평에 거주해서 주거비용을 낮추고 월급은 안전하게 은행에 저축하는 것이 나만의 재테크 방법이었다.

Point 국민임대 당첨 및 공공임대 당첨이 된 청약통장은 해지하면 안 된다. 바로 민간분양 청약을 넣을 수가 있기 때문이다. 남동생은 국민임대에 청약으로 당첨된 청약통장으로 민간분양아파트에 청약을 넣었고, 2016년 25평에 당첨이 되었다.

첫 민간분양 당첨에 많은 아쉬움이 있다. 좋은 단지 명품 아파트에 당첨이 되었다면 참 좋았겠지만 1인 가구인 남동생의 청약 점수는 약 25점이었다. 그래서 당시 청약 미달이었던 25평 아파트 분양권에 당첨이 된 것이다. 2018년 입주 시점에 입주보다는 분양권 매도를 택했고 다시 재개발 입주권을 매수했다.

2011년 당시 저축을 의뢰한 동생은 지금 2022년 현재를 예상했을까? 누나인 내가 자기 돈으로 투자를 한다고 하는데 불안한 마음이 없었을까? 가족이기에 나를 믿고 저축을 맡기고 투자에 동의했다. 난 투자할 때 자금을 저리에 빌려주고 손해를 본다면 손해를 보전해주겠다는 마음으로 투자를 했다. 국민임대아파트 17평에 살고 있던 남동생이 재개발 입주권 34평을 매수해놓았다. 재개발 아파트에 입주하려면 3년 정도 남았다. 나는 국민임대 17평에 살고 있는 남동생이 마음에 걸렸다. 국민임대 17평은 남동생이 거주하기에 전혀 손색이 없었다. 아파트 건물 년식도 2009년식이고 복도식으로 맨 끝호에 있고, 층은 6층 남향이다. 그리고 회사로 출퇴근 거리도 가깝다.

그런데 투자를 알고부터는 뭔가 투자를 더 하고 싶었다. 투자수익을 보려면 일정 기간이 지나야만 수익으로 돌아오는데 재개발 아파트 입주 시까지 그냥 3년간 국민임대주택에 거주하는 기간, 즉 시간이 아까웠다. 더 정확히 표현하자면 자신의 아파트를 소유해서 2년 소유 후 기본세율로 매도를 해도 양도 차액을 수익으로 가져갈 수 있는데 임대보증금 및 월세가 저렴하다는 이유로 국민임대에 살고 있는 것이 아까웠다. 부동산은 시간을 먹고 자라기 때문이다. 남동생이 국민임대에 살지 않고 아파트를 소유해서 2년 거주 후 재개발 입주권 아파트가 준공되면 이사를 하는 것이 맞다고 생각했다.

2

내 가족의 부는 내 손으로

국민임대 17평에서 26평 아파트 자가로 이사 설득

1인 가구인 남동생에게 34평은 너무 크다. 투자수익률로 따지면 당연히 34평 수익금이 크다. 나라면 34평을 매수했을 것이다. 중요한 것은 남동생의 투자 그릇이 아직은 작았다.

34평 아파트를 매수하면 필요한 자금과 대출금이 커진다. 남동생은 34평 아파트를 매수하자니 중도금 대출과 이자를 부담스러워했다. 또 이미 재개발 입주권 아파트를 매수해놓은 상태로 가지고 있는 자본도 별로 없었다. 남동생이 살고 있는 국민임대아파트 보증금에 얼마간 저축분을 더하면 4,500만 원이 전부였다.

그쯤 나는 지역신문(광주사랑방)에서 2019년 4월 입주를 한 내가 살고 있는 아파트 26평의 매물이 나와 있는지 보았다. 26평이 딱 1개 나와 있었다. 부동산에 전화해보니 물건이 있었고, 부동산 또한 내가 알고 지내는 D부동산의 매물이었다.

아파트 가격이 분양 당시보다 약 1억 원이 올라 26평 총 매수금액은 3억 1,500만 원이었다.

남동생 국민임대 전세보증금 2,500만 원, 저축통장 해지 1,500만 원, 통장 잔금 500만 원으로 남동생 자본 총 4,500만 원 있었고, 부족분은 차용증 작성 후 내가 빌려주는 조건이었다.

매월 이자만 주고 2년 소유 후 매도했을 때 수익금 중 1,000만 원만 내게 달라고 했다. 남동생은 마다할 이유가 없었다. 출퇴근 시간이 좀 길어진 것뿐이나 그 또한 괜찮다고 했다.

입주 지정 기간이 끝난 상태로 담보대출 가능금액은 1억 8,600만 원이었다. 그리고 바로 원리금 균등 상환이 된다. 매월 원금 20만 원 + 이자 40만 원이다. 난 남동생에게 좀 더 쉽게 설득할 필요가 있었다. 이렇게 설명하면서 입주를 도왔다.

"자가 26평을 소유한다면 살면서 네가 이자 및 원금을 매월 60만 원을 낼 거야."

"지금 국민임대 살면 한 달에 15만 원 정도만 내면 되는데 60만 원씩 더 내라고 하면 이건 너무 부담되는데, 굳이 그렇게 해야 해?"

"그렇지만 그중에서 한 달에 20만 원씩은 원금이 빠지잖아. 그만

큼씩 저축금액이 되는 거야."

"그래도 쌩으로 내야 하는 이자가 40만 원씩은 되잖아."

"에이그, 동생아~ 네 맘은 알겠지만, 이자 무서워하지 마. 아파트 가격이 오르잖아. 최소 2천만 원 상승한다 해도 그 이자보다 훨씬 더 많이 벌어."

동생은 그 당시 가진 자본이 4,500만 원이었다. 하지만 그 당시 동생이 매수하려던 26평 아파트는 3억이 넘는 금액이기에 남동생 마음이 어려울 만도 했다. 그 심정 알기에 큰돈을 움직여본 경험이 있는 내가 도와주었다. 은행에서 빌린 돈에서 부족분을 내가 선뜻 빌려주겠다 하니, 동생은 용기를 냈고, 이 글을 쓰고 있는 현재, 동생의 아파트 호가는 매수 때보다 1억 5천만 원 정도 상승했다.

3

늦은 출발도 억대 부자

투자란 그 과정을 옆에서 지켜보는 것으로도 공부가 된다.

그렇기 때문에 '모의 투자'라는 것이 있다. 내가 직접 돈을 들여서 투자를 하지 않더라도 간접경험을 함으로서 수익을 내는 과정을 보는 것이다. 이것 또한 내 시간을 들이는 일종의 투자이다. 일전에 난 오빠에게 남구의 남해오네뜨 33평 분양가에 프리미엄 3,000만 원 오른 상태일 때 매수를 권했다. 번듯한 집 한 채라도 있어야 결혼할 수 있을 거라고 2년만 살고 팔으라고 했다. 하지만 오빠의 대답은 "내가 돈이 어디 있냐? 난 그렇게 비싼 아파트 못 사."라는 말로 돌아왔다.

"아니 오빠, 지금 계약금 주고 중도금 70%는 대출로 하고 나머지는 잔금으로 하면 돼!"

"그리고 대출이자를 매월 갚아나가면 정말 2년 동안은 힘들 거야."

"그건 알지만, 그렇게 하지 않으면 집 사기 힘들어."

하지만 오빠는 내 설득에도 언제나 일관되게 "NO"를 외쳤다.

오빠는 주식으로 재테크를 했다. 오빠는 주식 투자를 해서 월 30만 원씩만 번다고 해도 정말 좋은 투자라고 생각했지만, 나는 오빠를 통해 주식 투자란 것이 그리 호락호락한 것이 아니라는 것을 알게 되었다. 오빠는 몇 십 년간 일해 저축한 돈을 야금야금 주식 투자로 날리고 있었던 것이었다. 나중에 안 사실이지만 총 손실금액은 2억이었다.

매번 결혼을 이야기하고 만나는 사람이 없는지 물어볼 때면 항상 돌아오는 대답은 "아직 준비가 안 되었어. 그리고 내 자신감이 바닥이야."라는 대답만이 돌아왔다.

오빠의 힘없는 대답을 들으니 주식 투자로 돈을 날렸음을 직감했다. 몇 십 년간 일해서 저축한 돈이 없으니 자신감 또한 바닥이 아니겠는가? 이런 오빠의 자존감을 끌어 올려주는 방법은 자산을 올려주는 것이라고 생각을 했다. 남동생의 월급을 저축해서 투자해서 순자산을 올려준 내 경험을 오빠는 조금씩 듣고 있었다. 일단 가족의 투자를 지켜본 오빠는 반신반의했다. 첫 투자도 미적미적했다.

2018년 8월 B부동산 사장님께 연락이 왔다.

"이번에 거래하는 물건이 있는데 나만 믿고 투자를 해볼 생각 있으신지요?"

물건은 다름 아닌 분양권이었다. 내 명의로 투자를 해도 되지만 난 오빠에게 경험해주고 싶었다. 이 전화를 받고 나는 바로 오빠에게 설명했다.

"단기 분양권 투자를 할 것이 있는데 오빠 한 번 해봐. 자금은 1차 계약금 + 약간의 프리미엄만 있으면 돼. 돈을 번다면 좋겠지만 그렇지 않을 때는 오빠가 입주해서 실거주로 살아도 되니 이 정도면 괜찮을 것 같아."

이렇게 5분 설명을 하고 오빠에게 승낙을 받았다. 나는 오빠 마음이 변할세라 얼른 오빠 이름으로 계약금을 보내고 분양권 거래를 진행시켰다. 내 앓던 이가 빠지는 듯이 속이 시원해지는 순간이었다. "OK"를 해준 오빠에게도 정말 고마웠다. 뭐든지 투자 제안을 했을 때 실행이 있어야만 하는 것이다.

좋은 투자처를 알고도 실행하지 않으면 그 정보는 아무 소용이 없다. 오빠는 그동안 나를 지켜보았고 내 투자정보를 어느 정도 신뢰를 하고 있었다. 그래서 내가 제안을 했을 때 5분 만에 대답해준 것이다. 오빠도 알고 있을 것이다. 본인이 몇 십 년간 투자해온 주식은 점점 그 투자원금이 줄어들고 더 이상 수익으로 돌아오지 않는다는 것을 말이다.

그래도 주식에 미련이 있던 오빠는 펀드를 해지해서 분양권 투자 자금을 마련했다.

단기거래를 하게 된 이 분양권 투자 경험을 해본 오빠는 2~3달 기간에 수익금이 1,000만 원 이상 돌아오는 것을 경험하였으며, 그제야 부동산 투자에 대해 실감했다.

"이런 투자방식이 가능하단 말인가?"

내가 일해서 1년간 저축을 해야 돌아오는 저축액을 분양권 투자만으로 일순간에 가능한 사실을 경험한 것이다. 백문이 불여일견이라는 말을 절실히 실감했던 오빠이다.

난 이 단기 분양권 거래를 해서 이익금을 내가 가져갈 수도 있었다. 그러나 가족 모두가 잘 살아야 내 마음도 편할 것이다. 특히나 나이가 많은 오빠가 하루라도 자산을 모아 자신감이라도 상승해야 결혼할 마음이라도 먹을 것이 아닌가 하는 생각에 오빠에게 투자를 권했다.

쇠뿔도 단김에 빼랬다고, 오빠가 첫 수익의 경험을 해본 김에 바로 다음 투자를 권했다.

"오빠 내가 최근에 계약금만 보낸 분양권이 있는데 이건 가족한테 양도도 가능하니까 이 분양권을 오빠 명의로 사자. 그리고 입주 때는 전세를 놓든지 오빠가 입주하든지 그때 가서 결정하고 일단 나한테 분양권을 사는 게 어때? 분양권 계약금에 프리미엄 정도는 오빠 자본으로 할 수 있는 정도야. 아직 입주 기간이 조금 남아 있으니 그때 가서 정 입주를 못하겠다면 그냥 매매로 돌리면 되니까 부담 갖지 말고 오빠 명의로 분양권만 사게."라고 말했다.

오빠는 이미 분양권 거래 경험을 통해 단기간에 수익이 창출되는 경험을 해봤다. 더 이상 분양권 매매에 대해 겁을 내지 않았고 실행을 했다. 오빠는 직장이 있으니 중도금 60% 대출 승계는 아무 일도 없이 진행되었고, 잔금 또한 입주 때 납부를 하면 되니까 별로 걱정할 것이 없었다.

부동산에 비해서 주식은 안전하지 못했다. 하지만 그마저도 오빠는 주식 투자에 대한 실력은 없었기에 밑 빠진 독에 물 붓기를 계속하고 있었다. 나는 오빠가 주식을 전액 매도해서 남은 원금이라도 지키길 바랐다. 오빠에게 또 한 번 더 설득했다.

"오빠, 주식을 해도 돈을 몇 십 년간 못 벌고 원금을 계속 잃고 있잖아."

"그래 그렇지."

"그럼 부동산이라도 해서 자산을 불려야 하지 않겠는가?"

"그게 맞지."

"오빠, 주식을 이제 그만 하고 그 남은 원금이라도 나한테 맡겨봐. 내가 투자를 잘해볼게. 혹시 그 사이 좋은 사람이 생긴다면 결혼자금이 없으니 내가 1,000만 원 결혼 비용으로 줄게."

"네가 말이라도 그렇게 해주니 정말 고맙다. 주식은 빼긴 해야지. 그런데 지금 너무 빠졌으니 조금만 더 기다려줘."

"알았어. 조금 더 기다릴게. 꼭 전량 매도를 해서 나한테 맡겨줘."

"응. 알았어."

몇 달간 오빠는 많은 생각을 했을 것이다.

'이미 십수 년간의 내가 했던 주식 투자는 이익은커녕 손실만 보았다. 하지만, 일 년도 안 되는 기간에 동생의 정보로 부동산 투자를 했고, 그로 인해 수익을 본 경험이 있다. 여동생은 부동산으로 억대 자산을 일구었고, 남동생의 자산도 크게 불려주었다. 이제는 나도 주식을 매도해서 부동산 투자를 하는 것만이 답이다.'

이렇게 생각을 했을 것이다.

2019년 12월 오빠는 마침내 결단했다. 남아 있는 주식을 전량 매도해서 투자금 9,000만 원을 내게 보내주었다. 이 1억도 안 되는 돈은 30년 이상을 직장 다니며 일해서 남은 돈이다. 오빠 마음이 어떨지 생각하니 안타깝다. 매도하기에 미련이 많았을 것을 잘 알고 있다. 그래도 이렇게 나를 믿고 전 재산을 내게 맡긴 것이 정말 고맙다. 통장에 찍힌 돈을 보며 숙연해졌다. 오빠의 지난 인생과 앞으로의 인생이 이 돈에 달려 있었다. 동생의 돈을 관리해줄 때의 마음처럼 절대 손해 보지 않게 하겠다는 다짐과 오빠가 결혼하게 되면, 결혼 비용 1,000만 원을 빛의 속도로 오빠에게 보낼 것을 마음속으로 굳게 다짐했다.

오빠는 그 이후, 오빠 명의로 구입한 분양권에 실거주로 입주를 했다. 그 아파트는 분양권 매수 당시보다 2억이 올랐다. 또 분양권 투자를 오빠 이름으로 2개 더 추가했으며, 그중 하나는 2022년 2월 입주 시기가 되어 전세 세입자를 들였다.

오빠는 부동산 투자를 남동생보다 늦게 시작했지만, 똘똘한 분양권을 매수한 덕에 남동생 순자산을 앞질렀다. 보수적인 오빠는 대출이 너무 많아서 부담스럽다고 하지만, 만약 오빠가 투자를 안 하고 계속 주식을 했다면 오빠의 자산은 주식 보유금액 1억 내외일 것이다. 그러나 빚도 자산이다. 대출 및 전세보증금 포함해서 지금 오빠의 자산은 20배 증가해 있다. 내가 투자를 제안했을 때 오빠가 자기 자존심을 지키며 "내가 알아서 할게."라고 하며, 투자를 진행하지 않았다면 벼락거지는 떼놓은 당상이었을 것이다. 그 생각을 하니 식은땀이 쫙 나면서 나를 믿어준 오빠에게 감사할 따름이다.

4

초고령도 가능하다고?

초고령 분양권 투자는 중도금 대출 실행이 관건이다. 이는 중도금을 실행할 수입 또는 자산이 있어야 가능하다. 자산보다는 정확히 일정 수입이 있어야 가능하다. 엄마는 시골에 살고 있다. 내가 사는 광주광역시 분양권 투자를 해보고자 했으나 중도금 대출 실행이 안 되었다.

때마침 엄마가 거주하는 곳에 1군 브랜드 아파트가 분양을 한다는 것을 알고 지켜보았다.

나는 엄마가 분양권 투자를 해서 아파트로 이사를 한다면 내 삶의 만족도도 높아질 것을 생각했다. 지금 거주하고 있는 주택은 1층 주택으로 도시가스가 들어오지 않아 가스를 주문해서 난방하고 있다. 그래서 난방을 잘 하지 않아 춥다. 명절에 집에 가면 난 오후 늦게 집으로 돌아와 버린다. 하룻밤 자기에도 불편한 집이 아닐 수 없다.

이런 상황들을 가족에게 설명하며 엄마가 거주하는 곳에 아파트가 들어서니 이 분양권을 매수해서 엄마가 좀 더 따뜻하게 지내면 좋겠다고 가족들에게 설명했다. 엄마는 아파트를 좋게 생각하지 않았다. 소일거리로 앞에 씨앗을 뿌릴 텃밭을 좋아하기 때문이다.

가족들도 아파트 입주 때가 되면 엄마는 아마 입주를 하지 않을 것으로 생각을 했다. 하지만 나는 투자자다. 입주 때 입주를 하지 않을 것 같다고 엄마가 거주하는 곳에 분양을 한 새 아파트를 살 기회를 놓치고 싶지 않았다.

그래서 아파트 프리미엄이 어떻게 변화하는지 지켜보았다. 화순군에서 하는 1군 브랜드 입지는 좋다. 엄마 또한 입지를 보시고 여기면 괜찮다고 하셨다. 엄마는 노인이시지만, 입지는 볼 줄 아신다. 엄마가 혼자 거주하시기에 25평이 좋다고 생각했지만 분양하는 단지는 34평과 45평이 전부였다. 하는 수 없이 34평 분양권 매수를 고려했다.

분양가는 2억 7천만 원 정도이고, 중도금 60%는 대출이다. 분양세대는 600세대 이상이다. 입지는 화순 초입이고 대단지 브랜드 아파트로 일반분양을 했다. 2018년 12월 분양을 한 이 단지는 초피 거래가 높았다. RR은 분양 당시 프리미엄 2,000~2,500만 원이었다. 엄마의 자본으로 분양가에 프리미엄을 주고 사기에는 좀 부담스러웠다. 그래서 처음에는 매수를 하지 않았다.

그러나 화순에 엄마를 보러 갈 때면 초입에 있는 아파트 단지가 눈에 들어와서 분양권 거래를 하고 싶은 마음이 계속 들었다.

2019년 4월쯤 지역신문인 사랑방신문을 보았다. 서향에 중간층인 34평 C형 분양권이 프리미엄 200만 원으로 나와 있었다. 타입은 A형이 남향으로 좋았지만, 프리미엄이 1,000만 원 초반을 형성하고 있었다. 그래서 나는 프리미엄이 적은 서향의 200만 원짜리 층은 중간층을 선택하기로 마음먹었다.

내가 친하게 지내는 부동산인 C부동산공인중개사에게 연락을 해서 이 분양권 매수의 추진을 부탁했다. 그런데 중요한 것은 엄마의 소득으로 중도금 60% 대출이 되는 것이 먼저 확인이 되어야 가능할 것을 알고 있었다. 이미 광주지역의 분양권 거래를 위한 중도금 대출을 거절당한 경험이 있기에 좀 더 정확히 알아볼 필요가 있었다.

C부동산공인중개사를 통해 중도금 대출 실행 은행은 화순에 있는 광주은행이고, 내가 매수하고자 하는 분양권 C형 분양권 소유주 또한 엄마랑 나이가 비슷한 사람이었다. 그렇다면 엄마 또한 중도금 대출 실행이 무난하게 진행될 것을 예감했다. 그래서 분양권 가계약을 진행하고 혹시 모르니 중도금 대출 실행 은행에 가서 은행직원과 상담을 진행했다.

엄마의 수입은 기초노령연금, 노인 일자리 참여 수입, 자녀들 용돈 등을 합해 60~80만 원 정도 되었다. 엄마의 예금잔액 증명서를 제출

했다. 엄마 명의로 된 화순의 집도 있음을 이야기했으나 별 도움은 안 되었다. 은행직원은 중도금 대출이 실행될 수 있도록 여러 자료들을 모아 합산하고, 대출금이 승계될 수 있도록 해주었다.

Point 전년도 카드 사용금액을 소득으로 잡는다. 고령이라 중도금 대출 실행을 거절당한 경험을 살려 은행 공인인증을 발행하고 체크카드를 만들어서 사용했더니 전년도 소득으로 잡아주어 무난하게 중도금 대출 승계가 된 것이다.

엄마는 입주 시기에 입주하지 않는 것으로 결정을 했고, 2년이 지나 일반과세로 분양권을 매도했다. 서운했지만 어쩔 수 없는 노릇이다. 실제 거주를 할 엄마가 입주를 하지 않는다고 하시니 아깝지만 그 아파트는 매도하는 것이 좋겠다고 생각했고, 나는 엄마의 아파트 매도를 도와주었다. 2021년 6월 이후 매도할 때 양도세가 늘어나기 때문에 저렴하게 내놓았더니 금세 거래가 되었다.

엄마는 옛사람으로 토지를 좋아하셨다. 엄마 명의로 된 땅 한 평 없는 것을 못내 아쉬워하시면서, 아파트 투자를 주로 하고 있는 내게도 자주 말씀하시곤 했다.

"땅을 사야 한다. 정랑이 너는 돈이 있으니 땅을 좀 사면 좋겠다."

나이 드신 엄마는 토지 소유의 꿈을 꾸고 계셨다. 난 엄마의 소원을 들어드리고 싶었다. 아파트 매도를 한 자본으로 땅을 사서 엄마에게 땅 소유의 기쁨을 느끼게 해주고 싶었다. 그리고 나는 마침내 엄마의 소원을 이루어주었다. 옛분들은 농사에 대한 로망이 있으시지만, 나이가 드셔서 농사짓기 힘드신 터라, 논밭 대신 대지로 땅을 사드렸다. 등기권리증을 받아보신 엄마 표정은 '이제는 다 이루었다.'라는 듯이 환하게 웃으셨다. 그때의 엄마 모습은 내게도, 오빠와 남동생에게도 두고두고 감동의 장면으로 손꼽힌다. 토지 투자 경험은 마지막에 부록으로 더욱 자세히 적었다.

매물의 가격이 적정한가를 판가름하기 전에 혹여 금액이 부풀려졌더라도 공인중개사도 땅 파서 장사하는 것이 아니라 서로의 이익이 있어야 하지 않겠는가? 부동산중개수수료 외 별개로 나보다 먼저 그 물건을 알았으니 어느 정도 이익을 가져가는 것이 당연하다고 생각한다. 그래서 결정을 빨리하는 것이 내 장점이다. 작은 것에 연연하지 않는다. 모든 것은 믿음과 신뢰가 기본 바탕이다.

제3장

부동산 투자는 최고의 부업이다

1

부를 이루려면 자본을 공부해라

<40대 평균 자산 4억 1,000만 원>

2021년 5월 3일자 경향신문의 머리기사다. 도시 40대 거주 소득 있는 평균 자산이 4억 1,000만 원이다. 유주택자는 55.7%, 무주택자는 40% 이상이다. 소득은 세후 월 468만 원, 1인 미혼의 월 소득은 세후 342만 원이다. 금융자산은 7,000만 원이며, 가계대출은 8,000만 원이다.

나는 신문의 내용을 보고 씁쓸해졌다. 나도 현재 40대다. 이렇게 우리나라 40대의 평균 자산이 4억 1,000만 원이라니 너무 소소하다는 생각이 든다. 그에 반해 자녀교육에 들어가는 비용이 너무 많다. 하지만 많은 사람이 이 정도는 당연하게 자녀교육비로 들어가야 한다고 생각한다. 그러니 노년을 위한 준비(저축)가 부족한 것이 당연지사다.

우리나라 노인빈곤율이 세계 OECD 국가 중 1위라고 한다. 이해되는가? 50~60년대 전쟁 후 외국의 원조를 받고 한강의 기적이 일어나 현재는 세계 경제 대국 10위 안에 올라와 있는 대한민국에서 노인빈곤율 1위라고 하는 사실이 믿어지지 않는다. 받아들이기 어려워도 현재에 자본소득을 늘려가지 않으면 현재를 살기도 팍팍한데 근로소득으로 노년을 대비하는 것은 불가능해 보인다.

그래도 다행인 것은 아직 40대라 근로소득을 할 수 있는 노동시간이 남아 있다는 것에 감사하다. 왜냐하면 근로소득이 있어 대출되고, 대출이자를 감당할 급여가 나오기 때문이다. 우리는 부동산 투자를 왜 해야 하는가? 바로 근로소득이 아닌 자본소득을 이해하기 위해서다. 부동산 투자를 하는 것과 않는 사람과의 자산의 격차는 나이가 들수록 더욱 크게 벌어진다. 20대, 30대에는 자산의 격차를 다소 느끼지 못한다. 대부분 20대에는 학생이었을 것이고, 30대는 사회초년생 또는 신혼부부일 것이다. 미혼일 때는 부모님과 함께 거주하니 자산이랄 것이 없을 것이다. 일부 투자에 일찍 눈뜬 몇몇을 제외하고 말이다. 30대에 결혼한다면 직장생활을 해서 조금 모아둔 돈에 대출을 활용하여 전세나 월세를 살 것이다. 몇몇은 부모님 찬스로 자가를 얻어 살 것이다. 이처럼 부모님 찬스를 쓴 몇몇을 제외하고는 전세나 월세를 사는데 모두 집 한 채를 얻어 살기 때문에 20~30대는 차이가 없어 보인다. 물론 현재 영끌하는 20~30대 빚투족은 제외이다. 이들은 올라가는 집값을 보고 도저히 월급으로 집을 살 수 없다고 생각해 온갖

대출을 활용해 주택을 매입하는 요즘의 신주택수요자들이다.

그러나 부동산 투자 등 자본소득이 있는 가구와 그렇지 않은 40대의 자산 격차는 크게 벌어진다. 그래서 우리는 근로소득 외 자본소득을 위해 연구, 공부, 노력, 관심을 가져야 한다. 어느 유명 U-tube 강의에서 들었다. 누구에게나 4~5년? (과거엔 10년에 한 번씩) 기회가 온다고 한다. 이 기회를 잡기 위해 꾸준히 준비해야 한다는 것이다. 기회가 왔을 때 잡는 자와 그렇지 못한 자의 격차는 5~6배 차이가 난다. 지인들과 대화를 해보면 과거 한두 번씩은 투자의 기회가 있었다고 한다. 그런데 내가 준비되지 않은 상태이다 보니 그 투자의 기회를 그냥 보냈고, 이후 가격 추이를 보니 "아, 그때 했었으면 좋았을걸." 하고 후회한다. 따라서 너무 조급해하지 말고 기회가 왔을 때 이를 알아보고 잡아야 하기 때문에 꾸준한 관심으로 공부를 하고 있어야 한다.

난 남동생의 월급으로 저축을 2011년부터 약 10년간 해줬다. 자본소득을 모르고 부동산 투자를 하지 않던 시기에는 오롯이 이자를 많이 주는 시중은행과 조금이라도 이자를 더 주는 2금융권에 정기적금을 들었다. 또한 투자한다며, 손실이 날 수도 있는 위험 종목인 펀드에도 일정액으로 납입을 해서 목돈을 모아갔다. 2011년부터 2016년까지 저축액으로 1억 원의 목돈을 만들었다. 나는 그 당시 투자를 모르는 시기로 단순히 이자 높은 곳에 저축, 펀드 등을 했다.

그래도 나름 많은 목돈을 모아서 뿌듯했다. 혼자 사는 남동생이 월급을 허투루 쓰지 않게 하려고 저축을 했고, 혹시 월급이 부족한 달에는 내 돈으로 대신 저축금을 넣어 알뜰살뜰 돈을 모아주었다. 훗날 남동생이 내게 "누나가 나 대신 저축해줘서 많은 돈을 모을 수 있었어! 누나, 고마워."라고 말해주길 바라면서 말이다.

남동생의 저축액이 일정 부분 목돈이 되었을 때 나는 고민하기 시작했다. 은행 이자는 너무 적어서 돈벌이 수단으로는 안 될 것 같았다. 내 개인적인 투자 경험으로는 분양권 투자를 해서 1,000만 원 프리미엄을 벌어본 경험이 있는지라, 부동산 투자 쪽으로 생각하기 시작했다. 꼭 투자라기보다는 '미혼인 남동생이 결혼하려면 집이라도 번듯한 것이 하나 있어야 하지 않겠냐?'라는 심정에서 아파트를 보기 시작했다. 2016년 남동생의 아파트 투자를 해주면서 나 또한 본격적으로 투자를 시작하기도 했다. 당시 난 34평을 2채나 소유한 2주택자였다. 아들이 셋이니 방이 적어도 4개는 되어야 했기에 실거주 개념에서 집을 넓혀가는 투자를 했다. 그래서 지금 살고 있는 K아파트 46평의 분양권을 프리미엄 300만 원을 주고 매수를 했다.

남동생의 자산증가는 2016년 민간아파트 25평에 당첨되면서 들어간 돈 계약금 1,000만 원이 2년 뒤 2천만 원으로 돌아왔을 때 처음으로 실감했다. 아파트를 분양받은 후로도 월급은 저축을 이어갔다. 이후 2018년 투자 이익금에 그동안의 저축금액을 합쳐 재개발 입주권을 샀다. 그리고 2022년 2월 전세 세입자를 들여 전세금만큼의 레버리지로 아파트 소유를 했다.

남동생의 월급을 2011년 저축을 시작해서 저축 기간 5년 차에 종잣돈 5천 원을 만들었고, 그 종잣돈으로 부동산 투자를 시작했다. 그 결과, 남동생은 지금 아파트 2채와 분양권을 가지고 있다. 2022년 현재 전세 세입자의 레버리지 4억을 포함하여 15억의 자산가이자, 순자산 10억의 자산을 일구었다. 이렇게 저축과 자본 투자를 하는 남동생은 40대이다. 2021년 5월 3일자 경향신문에서 본 40대 평균 자산 4억 1,000만 원보다 3배 많은 평균 자산을 소유하고 있다.

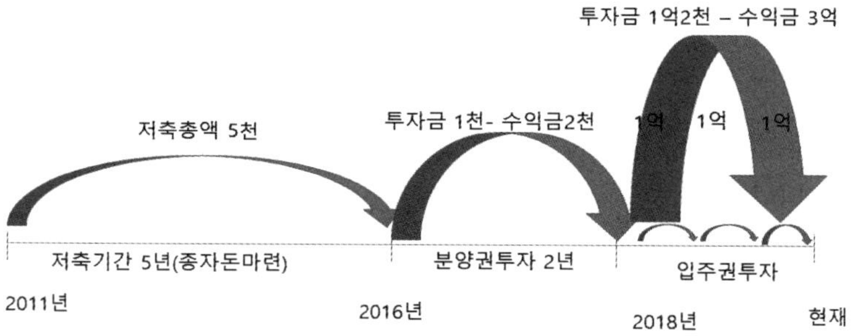

남동생의 자산을 증가시킨 방법들 중의 하나였던, 저축으로 자산을 늘리는 것과 투자를 병행하여 자산을 늘린 경험의 효과를 그림으로 표현해보았다. 바로 이러한 경험을 해보니 벌어서 먹고 쓰고 학원비 내고 나면 다음 월급이 들어오기만을 바라는 근로소득으로만으로

는 노후는 답이 없다는 것을 알게 되었다. 부동산 투자든, 아니면 다른 투자든 노후를 위해 재테크는 필수일 수밖에 없다.

PS : 최근 미혼인 남동생은 자동차를 바꿨다. 대리에서 과장이 된 기분이란다. 또한 누나가 부동산 투자를 해준 덕분이라고 고마워한다. 그런 동생에게 나도 함께 고마움을 표시한다.

"이 누나를 믿고 따라와줘서 고맙다! 동생아!"

2

부동산 투자의 거인

처음 부동산을 투자할 때 내가 한 방법은 앞서 나만의 부동산 투자법에서 소개한 나보다 부동산 투자를 잘하는 사람들에게 기대는 것이었다. 나는 자본을 댈 테니 나보다 투자를 잘하는 선배님들은 나에게 그 노하우를 살려서 서로 윈윈하는 관계를 만들어가는 것이었다.

여기서 중요한 포인트 하나! 나는 사람을 귀하게 여긴다. 인연을 소중히 한다. 더욱이 나에게 이익을 가져다주는 부동산 고수님들과의 인연은 더욱더 귀히 여긴다. 처음 투자할 때 『부동산중개업자를 친구로 만들어라』라는 책을 읽었다. 직장인으로서 부동산에 대한 지식이 별로 없었고, 부동산 거래를 하려면 무조건 부동산공인중개소에 들러서 거래했기에 필수 읽어볼 책으로 생각되었다.

마음을 열어야 중개업자와 친해질 수 있다. 사람과 사람의 만남이다. 중개업자와 친해지는 것은 동료, 친구 등 일반인들과 친해지는 것과는 차원이 다르다. 왜냐하면 쌍방의 이익을 위한 만남이기 때문에 의심과 불안이라는 벽이 있기 마련이다. 서로 불신의 벽을 허물기 위해서는 충분한 대화를 통해 자신을 노출시키는 것이 좋다. 그리고 자신의 신분과 얼굴을 익히도록 하고, 꾸준히 연락을 취해야 한다.

-『부동산중개업자를 친구로 만들어라』p. 21~22

부동산 지식이 있어야 좋은 중개업자가 보인다. 부동산중개업자도 "부동산 정보에 어두운 사람보다는 밝은 사람, 자금 여력이 없는 사람보다는 있는 사람, 실수요자보다는 지속해서 투자할 가능성이 큰 투자자의 이름을 한 번 더 기억한다."라고 말한다.

-『부동산중개업자를 친구로 만들어라』p. 24

앞서 소개한 책에서 읽은 부분들을 마음에 새기고 부동산중개사를 친구로 만든 나만의 노하우를 부동산공인중개사별로 적어본다. 기본 베이스는 "나에게 모든 중개사는 인연이고 소중하다."이다. 내가 부동산에 대해 아무것도 모를 때 내가 믿고 의지한 사람은 바로 공인중개사이다. 물건 거래에 믿음이 가고 거래 물건이 성과가 있는 것이 기본으로 따라온다.

부동산공인중개사와 친구로 지내려면 믿음과 신뢰가 기본 바탕이 되어야 한다. 돈과 물건만이 오가는 사이가 아닌 마음을 주고받는 것이다. 내게도 그런 분들이 몇 분 계신다.

S부동산중개사님

2010년 내가 실거주를 위해 물건을 알아볼 때 매수를 도와주셨던 부동산이다. 난 당시 셋째아 임신 7개월로 아들 셋 예정 워킹맘이었다. 나는 실거주 1층 아파트 매수 의사를 보였다. 그뿐만 아니라 당시 그 아파트는 1년간 공실이 난 상태이고, 1층 아파트이다 보니 집주인이 부동산에 내놓은 가격보다 천만 원을 깎아주면 사겠노라고 의사를 전달했다. 다행히도 부동산공인중개사님은 아들 셋 예정인 내가 1년간 공실인 1층의 실수요자라는 것을 집주인에게 어필했고, 천만 원 깎아준 가격으로 매수를 할 수 있었다. 10년을 살고 현재 거주지로 이사 올 때도 S부동산공인중개소에서 매도를 도와줬다.

Point 내가 이 1층 아파트 실매수자일 수밖에 없는 점을 어필하여 원하는 가격으로 조정을 해준다면 S부동산과 거래를 꼭 하겠다는 의지를 보여주었다.

C부동산중개사님

다음 부동산중개사는 나의 남동생의 첫 분양권이 당첨된 물건의 매도를 도와준 부동산이다. 분양 단지가 있는 아파트 바로 앞에 있는 공인중개소가 아니고 먼 곳에 있는 부동산이었지만 시원스럽게 내가 원하는 가격에 매도가 성사되게 도와주었다. 이분은 첫 분양권 거래를 성사한 것이 나에게 신뢰감을 주었다. 그래서 나도 신뢰감을 보여줘야 했다. 다음 물건 거래도 C부동산공인중개사와 하고 싶다는 의사를 밝혔고 남동생 월급을 저축한 저축일지를 보여주었다. '남동생의 소중한 월급을 차곡차곡 모아 목돈을 마련했으니 미혼인 남동생을 위해 누나인 내가 할 수 있는 일은 반드시 실거주 집 한 채 매수를 해주고 싶다.'라는 의사를 전달했다. C공인중개사도 남동생이 있었으며, 남동생을 위해 본인도 누나로서 도움을 주고 있기에 이런 나의 마음이 액면가 그대로 전달되었다.

몇 년간 수기로 작성한 저축일지를 본 C공인중개사는 "이렇게 동생을 위해 누나가 도와주다니 대단하시네요. 꼭 좋은 물건을 잡아줄게요. 돈 벌게 해주고 싶네요."라고 말했다. 이후 남동생 재개발 입주권인 북구 중흥동 재개발 입주권 매수도 C부동산공인중개사를 통해서 했다. 그리고 C부동산공인중개사와 토지를 사서 상가주택을 신축하여 수익금을 반으로 나누는 공동투자까지 했다. 지금도 언니, 동생하며 그 인연을 이어오고 있다.

Point 첫 거래 후 거래가 만족스럽다면 재거래 의사를 밝힌다. 투자금을 잃지 않은 안전한 수익이 나야만 하는 상황(ex: 남동생 월급 저축일지)을 보여주며 매수 의사를 확실히 전달한다.

B부동산중개사님

B부동산중개사님은 내 고등학교 동창 미숙이 남편이다. 초등학교 중퇴 후 검정고시로 중학교까지 마친 내가 7년간 공장생활을 하다 다시 학생 신분으로 돌아가 하는 학교생활은 어려운 일이 많았다. 그런 내게 미숙이는 같은 반의 학급 반장으로 많은 도움을 주었던 고마운 친구였다. 고등학교 졸업 후 헤어진 우리는 25년이 지나 우연히 다시 만났다. 어찌 살고 있는지, 안부를 물어보니 같은 단지에 입주를 할 예정이고, 남편이 부동산공인중개사라는 것을 알게 되었다.

고등학교 동창인 미숙이의 남편인, B부동산공인중개사의 전문분야는 아파트 분양권 중개였다. 처음에는 서로에 대해 몰랐지만, 연결고리인 내 고등학교 친구가 있으니 더 편하게 아파트 분양권에 대한 문의를 할 수 있었다. 대면했을 때 나는 다소 어색하게 인사를 하며 부탁을 드렸다.

"저 미숙이 고등학교 1학년 친구 장정랑입니다."

"아~ 집사람한테 이야기 들었어요."

"제가 분양권 투자에 관심이 있는데 좋은 물건 있으면 소개 좀 해주세요."

이후 친구 남편인 B공인중개사에게 한 통의 전화를 시작으로 많은 거래를 했다.

"안녕하세요? 지금 광주 북구 연제 힐스테이트 분양권이 나왔는데요. 혹시 저 믿고 투자 한 번 해보실래요?"

간단히 물건에 대한 브리핑을 듣고 난 바로 계약금을 보냈다. 그 시간은 반나절도 안 걸렸다. 나는 "저 믿고 투자 한 번 해보실래요?"라고 물어오던 그 전화를 아직도 기억한다.

Point 부동산공인중개사와 연결고리가 될 수 있는 지역, 학연, 인연을 연결시켜라.

D부동산중개사

현재 거주지 인근의 부동산공인중개사이다. 분양권 매수를 해본 경험이 적었던 터라 분양권 매수 후 이것저것 궁금한 것이 많았다. 분양권 매수를 도와줬던 부동산공인중개사에게 물어보는 것도 한계가 있고 해서 D부동산공인중개소를 찾아갔다. 오빠는 1주택자로 분양권을 추가 매수를 했고, 나중에 산 분양권을 등기했을 때 비과세를 받고 싶은데 어떻게 해야 하는지가 궁금했다. 먼저 소유한 주택은 친정엄마가 실거주하고 있기 때문에 제3자에게 매도를 하기 어려운 사정을 이야기했다.

D부동산공인중개사 사장님이 중개한 물건이 아닌 물건을 여러 번 상담해도 친절하게 상담을 잘해줬다. 아니 처음에는 내가 공인중개사무소를 방문하니 실제 매수자가 아닌 뜨내기 손님으로 보는 것 같았다. 난 어색함을 무릅쓰고 여러 번 D부동산공인중개소를 방문했다.

처음에는 냉랭했고 내 이야기를 듣는 둥 마는 둥 하는 것 같았다. 그런데 오고 가는 대화 속에서 D공인중개사님은 내 고민을 족집게처럼 해결해주었다. 바로 엄마가 살고 있는 기존 주택의 오빠 명의를 엄마 명의로 돌리라고 한다. 가족 간 거래가 되니 엄마는 그 주택에 그대로 거주할 수 있으면서 소유주만 오빠에서 엄마로 이전을 하면 된다는 답변이다. 난 이 거래를 부동산공인중개사를 통해서 진행했다.

이후 D부동산공인중개사와 또 한 번의 거래를 했으며, 지금까지 인연을 이어오고 있다. 바로 한 단지에 거주하고 있기 때문에 이웃처럼 지낸다. 내 막내아들과 D공인중개사의 아들은 1살 터울로 함께 단지 내 눈썰매도 타고, 집에서도 함께 놀기도 하면서 말이다.

Point 어색함이 흘러도 내가 원하는 답변을 들을 수 있을 때까지 신뢰관계를 형성하기 위해 자주 부동산공인중개소에 들려 친분을 쌓는다.

J부동산중개사

내 막내아들과 도서관 책수업 동기 엄마가 부동산공인중개소를 오픈했다. 알고 보니 직장 동료의 아내였다. 이후 더욱 가깝게 지냈고 J부동산중개사의 도움으로 현재 거주하고 있는 집의 분양권을 매수했다. 나는 지인이기 때문에 사무실에 종종 놀러가 차를 마시고 벽에 붙여놓은 큰 지도를 보고 이것저것 의사를 나누고 중개사무실에 있는 사랑방신문을 집으로 가져오는 등 편한 사이로 지내고 있다.

"내가 아들만 셋이니 방이 4개인 집으로 이사를 해야겠어! 언니 ○○ 아파트 46평 필로티가 2개 있던데 분양권 나와 있는지 알아봐줘."

"그래 알았어, 내가 알아보고 연락 줄게."

다음날 전화가 왔다.

"프리미엄이 300만 원인데 나와 있네."

"그래, 나 그 물건 잡아줘 언니."

이렇게 해서 만 하루 만에 현재 거주지 분양권을 매수했다.

Point 아는 지인이 공인중개사라면 기본 신뢰가 있어 더욱 믿고 물건을 매수한다. 속전속결.

이렇게 5명의 부동산공인중개사와 친하게 지내고 있다. 부동산공인중개사와 물건에 관해 이야기도 하지만 친하게 지내다 보니 사람 사는 이야기를 더 자주 한다. 아무래도 나는 일반 직장인이고 부동산에 대해 잘 모르기 때문에 부동산중개사의 도움을 많이 받을 수밖에 없다. 그리고 어떤 물건을 소개받을 때 나는 거의 그대로 매수매도 결정을 한다. 매물의 가격이 적정한가를 판가름하기 전에 혹여 금액이 부풀려졌더라도 공인중개사도 땅 파서 장사하는 것이 아니라 서로의 이익이 있어야 하지 않겠는가? 부동산중개수수료 외 별개로 나보다 먼저 그 물건을 알았으니 어느 정도 이익을 가져가는 것이 당연하다고 생각한다. 그래서 결정을 빨리하는 것이 내 장점이다. 작은 것에 연연하지 않는다. 모든 것은 믿음과 신뢰가 기본 바탕이다.

각각의 부동산공인중개사별로 장점이 다르다. 그래서 난 앞에서 언급한 부동산중개사님들과 몇 년간 인연을 이어오고 있고 모두를 신뢰한다. 왜냐하면 사람과 사람의 만남이기 때문이다. 그뿐만 아니라 새롭게 거래한 부동산공인중개사가 있다면 내 이미지를 깔끔하고 친절하며 거래를 했을 때 서로에게 득이 되는 좋은 사람이라는 이미지로 확실히 각인시키는 것이 좋다.

3

내 아이 투자자 만들기

명절날이나 집안 행사가 있을 시, 친인척 어른들을 만날 때면 아이들은 용돈을 받곤 한다. 이렇게 받은 용돈을 아이들 이름으로 따로 모아두는 그것을 못하고 용돈은 생활비로 다 썼다. 아이들이 어리기도 하고 부모가 아이들을 키우니까 생활비로 쓰는 것이 당연하다 생각했다. 2016년 아들들 이름으로 자유저축통장 3개를 개설했다. 2016년도는 큰아들 12살, 둘째 아들 10살, 막내아들 7살 때이다. 늦었지만 지금이라도 저축을 해줘야겠다고 생각했다.

3년 만기 연 2% 아이사랑 월 복리 정기적금을 들었다.

아이들 용돈이 생길 때마다 아이들에게 통장에 저축한다고 이야기하고 저축을 했다.

3형제의 용돈을 사용하는 습관은 모두 다르다. 큰아들은 적당히 쓰고 나머지는 저축했다. 주로 문구점 또는 편의점에서 간식을 사 먹거나 장난감을 샀다. 둘째 아들은 용돈을 거의 쓰지 않아서 꼬박꼬박 돼지저금통에 저축한다. 둘째 아들은 너무 돈을 쓰지 않아 걱정이 될 정도로 저축만 했다. 그렇게 쓰지도 않는데 용돈 받는 날인 목요일에 잘도 챙겨 받는다. 이날이 지나서 주면 이자까지 꼭 이야기해서 받아 챙긴다.

막내아들은 초등학교 저학년 때 툭하면 문구점을 다녔다. 이렇게 다 쓰면 어떡하나 싶을 정도로 문구점을 좋아했다. 초 1학년 때 반 친구 엄마가 전화를 해왔다.

“민성이가 돈을 너무 쓰는 것 같아요. 내 아들은 안 그러는데 민성이는 돈 관리에 신경을 써야 할 것 같아요.”

“아 그런가요? 용돈이 1주일에 1,000원이에요. 저도 잘 알고 있어요. 좀 아끼면 좋으련만….”

안 그래도 걱정하고 있던 차에, 아이 친구 엄마에게 이런 전화를 받으니 기분이 썩 좋지만은 않았다. 하지만, 아이에게 돈을 아껴 쓰라는 말 외엔 따로 더 말하지 않았다.

통장에 용돈을 넣을 때는 비고에 어떻게 받은 용돈인지를 기록을 했다. 부모님 용돈, 큰할아버지 용돈, 아빠 친구 용돈, 세뱃돈 등 입금할 때 은행창구 직원에게 적어달라고 했다. 내가 자동이체를 할 때는 입금자명에 용돈의 출처를 기록했다.

아이들은 용돈 저축금액을 간혹 확인하고 싶어 했다. 그럴 때면 통장 정리한 내용을 직접 눈으로 확인시켜 줬다.

2019년 4월 이렇게 3년 만기 2% 적금이 만기가 되었다.

큰아들의 적금 만기금은 약 220만 원, 둘째 아들은 약 210만 원, 막내아들은 약 140만 원으로 세 아들 모두 합해 대략 600만 원이었다. 어떻게 보면 적은 돈이지만 아이들에게는 제법 큰 액수의 돈이었다. 통장 만기 때 금액과 잔금을 보여주며 "3년간 저축액 합계 이자는 2% 원금과 이자는 각각 얼마이다."라고 설명해줬다. 아이들은 눈으로 확인하니 "그렇군요." 하는 눈빛으로 알겠다고 했다.

아이들 적금의 만기가 돌아올 때쯤, 공동투자 제안을 받았다. 친분이 있던 B부동산공인중개사에서 연락이 와서, 투자하고 싶은 물건이 있지만, 자본이 부족하니 내게 공동투자를 하자고 했다. 아이들 용돈을 굴릴 만한 곳을 찾지 못하던 나는 예금이나 적금에 다시 넣는 것보다 공동투자 물건에 투자하는 것이 훨씬 더 좋은 투자법으로 생각이 되었고, 아이들에게 따로 동의를 구하지 않은 채 내 자본에 아이들 적금 만기금을 합해 ○○ 아파트의 투자를 시작했다. 나는 그때 내가 가진 자본이 부족하면 믿는 지인과 함께 공동명의로 투자를 할 수가 있다는 것도 알게 되었다.

"너희들 적금금액은 모두 합해서 600만 원 정도야. 그런데 은행에 넣어두면 이자가 너무 작아서 3년 지나도 몇 만 원 안 된다. 그래서 엄마 돈과 함께 아파트에 공동투자를 했어! 투자해서 이익금이 생기면 너희들 원금 비율대로 수익금을 배분해줄게~"

"투자하면 왜 돈을 벌어?"

아이들 눈높이에 맞게 설명이 들어가긴 어려웠지만 물가 상승, 원가 상승, 아파트 중 선호하는 것, 살기 좋은 아파트 등 이유를 말하며 설명을 했다.

"엄마, 내 용돈 공동투자한다고 말한 적 없는데요?"

둘째 아이의 말에 나는 당황했다. 둘째가 자기 용돈을 돌려달라고 하면 어쩌나 하는 생각도 들었다. 그리고 자기 돈에 철저했던 둘째는 조용히 나를 자기 방으로 불러 각서를 써달라고 했다.

"엄마는 2019년 4월 만기 된 민철의 용돈(원금)을 잃어버릴 시 원금과 이자 2,130,757원을 갚으십시오."

각서를 메모지에 적어서 나에게 보여주며 사인하라고 한다. 역시 둘째 너는 그런 성향이긴 하다고 생각하고 사인을 해줬다. 남편도 아이들 용돈으로 투자한 것을 썩 달가워하지 않았다.

<아파트 자녀 공동투자 (단위 : 원)>

아들들	용돈 투자금	투자금 비율	100% 수익금	원금 + 수익금 합계
큰아들 민수	2,239,086	15%	2,239,086	4,478,172
둘째 아들 민철	2,130,757	15%	2,130,757	4,261,514
셋째 아들 민성	1,462,847	10%	1,462,847	2,925,694
랑다르크	9,000,000	60%	9,000,000	18,000,000

난 아이들에게 보여주기 위해 원금, 수익금, 이율 및 투자금별로 수익이 나는 구조를 보여주려고 엑셀 정리를 했고, 2년 후 예상 수익금까지 자세하게 알려주었다. 아파트 공동투자를 통한 경제교육을 이렇게 했고, 수익금은 은행 이자보다 훨씬 많은 100% 수익으로 돌려주려고 생각했다. 그리고 이후 용돈도 통장에 따로 저축을 해줬다.

공동투자는 처음이었던지라, 나도 조금은 불안했다. 하지만, B부동산공인중개사와 공동투자한 물건이 2년 후인 2021년 4월 매도가 되었으며, 투자금의 100%로 수익이 났다. 남편에게도 투자원금과 수익금을 알려주니 "와~ 대단하다!" 하며 칭찬한다. 아이들의 용돈을 그냥 은행에 저축하지 않고 부족한 투자금에 합하여 투자하길 정말 잘했다고 생각했다. 은행에 정기예금을 해두면 1~2% 만기 이자라 해도 몇 만 원 안 되는 금액이니 말이다.

나는 또 한 번 재투자를 아이들에게 설명하면서 4년 정도 후 공동 투자한 아파트를 매도할 경우 원금에 수익률 100%를 더해 너희들 자금이 큰아들, 둘째 아들 각각 1,000만 원이 될 것이고, 셋째 아들은 대략 600만 원이 될 것이라고 설명했다. 자신의 용돈이 부동산 투자에 투자금으로 이용되고 저축과 달리, 큰 수익금으로 되돌아온 경험은 아이들에게도 새로운 경험이 되어주었다. 이후 현재 아이들의 투자금은 내 부동산에 공동투자를 한 번 더 진행 중이다. 다행히 2021년 광주 아파트 가격이 많이 올랐고, 예상 매도 기간 4년 뒤, 100% 수익금을 아이들에게 돌려줄 수 있을 것으로 예상한다.

4

협조보다 차라리 용서를 바라라

"남편을 설득하기보다 차라리 용서를 받기가 더 쉽다."

예전에 함께 지냈던 지인, 주영이 나에게 한 명언을 진심으로 공감한다. 나는 "내가 자동차를 주문했고 차가 출고되기 2일 전인데 아직 남편에게 이야기를 못했다."라는 이야길 했더니 주영이 내게 해준 말이었다. 사회에서 만난 주영은 20대 중반 젊은 나이지만 이미 여러 가지 투자 경험과 넓은 식견을 가지고 있었다. 부동산, 주식, 영어, 사회생활 등 배울 점이 정말 많았다.

부동산 투자를 할 때 남편에게 먼저 설명하고 이해시키고 동의를 구하여 함께 진행하면 정말 좋은 투자 반려자가 될 것이다. 그러나 내 경험상 첫 투자에서부터 나는 남편에게 동의를 구하거나 설명을 하고 시작한 것이 아니었다. 즉 내가 하는 방법은 부동산 투자 등을 실행

후 나중에 남편에게 설명한다.

이런 나의 성향은 혈액형과 내 어릴 때 모든 것을 혼자 결정할 수 밖에 없었던 환경의 영향이기도 하다. 자연스럽게 어른이 되어서도 모든 일을 결정하는 데 나는 쉽게 결정을 한다. 또한 활발한 성격을 나타내는 내 혈액형이 O형인 것이 나는 참 좋다. 간호사로 의료인이기도 하지만 어쩌면 O형이라서 헌혈을 더 많이 했다. O형은 모든 사람에게 헌혈해줄 수 있는 혈액형이기 때문이다. 마음 넓은 마음으로 혈액을 많이 나눠주고 싶어 대학생 때 헌혈을 제일 많이 했다. 주로 혈장 성분 헌혈을 많이 했고, 전혈을 포함해서 30회 이상을 하여 대한적십자사로부터 은장을 수여받기도 했다. 남편의 혈액형은 AB형이다. AB형은 속을 알 수 없다는 말이 많다. 그래서인지 남편은 생각도 많다. 모든 AB형이 그렇다기보다는 내 남편이 그렇다는 말이다.

부동산 투자를 함에 있어서 아니, 모든 의사결정을 함에 있어 나는 결정이 쉽고 남편은 결정을 어려워하기 때문에 부동산 투자를 주로 내가 하고 있다. 남편을 설득, 이해시키기 너무 어렵기 때문에 대부분 나 혼자 결정하고 행동한다. 이런 나를 남편은 '불나방'이라는 세 글자로 표현한다. 불나방처럼 자신이 죽을지도 모르고 환한 불빛만 보고 불에 뛰어들어 타죽는다는 그 불나방 말이다.

남편 생각에 부동산 투자는 많은 금액이 들어가고, 부동산이 하락했을 때 리스크가 너무 크기 때문에 보수적으로 해야 한다고 생각한다. 그래서 부동산 투자를 하기 전, 모든 가능한 최악의 상황을 먼저 파악하고, 그래도 안전하고 수익이 날 것으로 기대가 된다면 투자를 해야 한다는 생각을 가지고 있다. 난 이런 남편의 성향을 2003년 결혼 후 18년 동안 겪어보았기에 잘 알고 있다. 그래서 부동산 투자를 할 때 이해를 구하기보다는 내 선에서 위험을 감당할 만하고 투자 가치가 있다면 남편에게 동의를 구하지 않고 진행을 한다.

즉 내가 직장인으로서 투자를 병행하고 있기에 내 자본 및 내 신용으로 최대한 자금을 마련하여 투자를 진행한다. 명의 또한 내 명의를 먼저 쓴다. 왜냐하면 남편을 설득하기보다 차라리 용서를 받기가 더 쉽기 때문이다. 이후 내 신용을 사용하여 자본을 최대한 마련하고 투자를 하고 명의도 쓰고 정말 내 선에서 투자 자본 해결이 안 되는데도 또 투자를 하고 싶은 물건이 있다면 그때 남편에게 설명을 하고 투자금 마련에 도움을 받는다.

"여보, 상의할 일이 있어요."

이 말을 시작으로 '투자금', '대출 필요자금', '투자 기간', '기대 수익금' 등 최대한 쉽고 간단하게 설명을 하고 나면, "돈이 필요할 때만 행동이 달라지구만! 얼마가 필요한데?"라고 말하며 투자금을 대준다. 투자자금이 필요할 때 나의 이런 행동을 남편도 이젠 이용할 줄 안다. 귀찮다는 듯이 대충 듣고 최대한 이해를 못하는 척하며 하는 말 "당신 하는 것 봐서요."라며 유세를 떨기 시작한다. 남편이 그렇게 나오면 세상 비굴하지만 어쩔 수 없다. 내 자본으로 한계가 있으니 속이 많이 거북하지만 요구사항을 들어줄 수밖에 없다.

내가 투자를 먼저 하고 나중에 통보 형식으로 했던 부동산 투자는 2013년 화정동 현대힐스테이트 미분양 아파트를 계약해서 몇 달 후 관련 서류가 집으로 등기우편으로 와서 남편이 알게 되었던 것이 처음이었다. 남편은 이 미분양 아파트 분양가를 보고 기존 주거지보다 1억이나 비싼 2억 5천만 원에 사는 것은 낭비라고 말했고 3일 밤낮을 잠을 설쳐가며 고민하였고 급기야는 나에게 빨리 팔아버리라고 종용까지 하였다. 남편의 성화에 못 이겨 6개월 만에 단기 매도를 하는 경험을 하였다. 물론 나도 걱정이 조금 되긴 하였지만 남편만큼은 아니였는데… 6개월 만에 프리미엄 1,000만 원의 수익을 보고 매도를 했으나 현재 2022년 화정동 현대힐스테이트 아파트는 현재 명품 아파트가 되어 실거래가 7억 5,000만 원 정도이다. 이 경험을 한 후로 난 더 더욱 투자에 대해서는 남편에게 말하지 않았다.

두 번째는 2017년 분양가가 너무 비싸 미분양이 있던 주월동 골드클래스 아파트 모델하우스에서 분양권을 구입했다. 계약금 10% 4,500만 원을 보내고 난 후 남편에게 이야기를 했다. 이미 계약을 한 후에 이야기를 해야 계약이라도 할 수가 있다는 것이 나의 생각이다. 이 분양권 아파트는 광주광역시 남구에 있으며, 남구는 광주에서 학부모들이 교육으로 알아주는 봉선동 바로 옆 주월동에 위치를 하고 있다. 특히 남구는 여자아이가 있는 부모라면 더욱 선호하는 학군이 몰려 있다. 이 물건에 대해 분양권을 어떻게 잡았으며, 나중에 가치가 있을 것 같다는 이야기로 내 썰을 늘어놓았지만, 남편은 분양가가 너무 비싸다고 타박을 했다. 그러나 이미 계약한 이상 어쩔 수 없다는 것을 본인도 잘 알고 있다. 그래서 그렇게 저항이 많지 않았다. 내가 이렇게 강하게 진행하는 것도 2013년 처음 투자한 화정동 현대힐스테이트 아파트를 단기 매도 후 매매가 상승을 눈으로 지켜볼 수밖에 없었던 경험을 하고 난 후였기 때문이다.

세 번째는 내 자동차이다. 차량가액 8,500만 원인 내 자동차가 출고되기 2일 전까지 그 어떤 말도 하지 않았다. 난 이 차에 대해서도 정확히 느낌적으로 알 수가 있었다. 계약금 넣고 차를 기다린다고 하면 200% 계약을 해지하라 할 것이 뻔하기에 취소할 수 없을 정도의 남은 날짜를 남겨두고 알려주었다. 자동차 매매대금은 현재 살고 있는 아파트를 담보대출 70% 받아서 잔금을 납부하고 약 1억 원이 남아 있던 돈으로 구매했었다.

나는 부동산 재테크 책에서 읽은 내용 중 "대출을 받고 돈이 남아 있다면 대출을 갚는 것보다 차라리 차를 한 대 사라."고 했던 구절을 충실히 따랐다.

남편은 그렇게 비싼 차를 대출로 사는 사람이 세상에 어디 있냐고 노발대발했다.

"당신! 어떻게 나한테 상의도 없이 그런 일을 저지를 수 있어! 나 뒷목 잡고 쓰러질 것 같으니 나 모르게 또 저질로 놓은 것이 있으면 솔직히 말해."

나는 이때다 싶어서 남편에게 감추어두었던 4번째 사실을 털어놓았다.

"단지 내 아파트를 B부동산 사장님과 공동투자를 했는데 아이들 용돈을 은행에 저축해봐야 이율도 낮고 해서 투자금 3,000만 원에 함께 사용했어요."

역시나 남편은 노발대발했다.

"그렇게 애들 코 묻은 돈까지 투자를 해야겠어? 가족도 아닌 남하고 공동명의라니, 일이 잘못되면 어쩌려고 그래? 애들은 어떻게 보려고 그래? 이제 더 이상 다른 사람하고 같이 투자하지 마! 그리고 투자를 하더라도, 인제 나한테 하나 하나 물어보고 투자해!"

"알겠어요. 앞으로는 꼭 상의하고 투자할게요."

내 대답에 남편은 더 이상 할 말이 없다는 듯이 뒤를 돌아 문을 쾅 닫고 안방으로 들어갔다.

하지만 나는 이후로도 남편과 상의 없이 투자한 건이 여러 건 있다. 눈만 돌리면 투자할 곳이 보이는데 그것을 어찌 일일이 남편에게 말을 하고 허락을 구할까? 보수적인 성향의 사람이라 하지 말라고 할 것이 뻔한 사람인데 말이다.

남편과 내가 의견일치로 집을 장만한 것은 2016년, 현재 거주지 분양권을 구입할 때이다.

“여보, 우리 애들이 셋이잖아요? 방이 4개 있는 46평대 그린웰로제비앙 2층 필로티 분양권이 프리미엄 300만원에 나와 있는데 나 이 분양권 매수하고 싶네요. 어떤가요?”

“프리미엄이 300만 원이면 가격이 저렴하니까 그렇게 하는 것이 좋겠네요.”

남편과의 통화시간은 3분도 안 걸렸다. 이렇게 동의를 얻어서 물건 브리핑 받은 지 2일 만에 계약을 했고, 2022년 현재까지 실거주를 하고 있다.

5

여자여, 투자를 결정하라

가족과 의견이 맞아서 미리 상의를 하고 투자에 들어가는 것이 가장 좋겠다. 그러나 부부가 동시에 투자에 관심이 있으면서 의견이 일치하여 투자하는 가정을 나는 잘 못 보았다.

투자는 성향인 것 같다. 특히 가족 중 결정이 빠르고 일을 추진하는 것에 스피드 있게 진행한다면 그 사람을 믿고 따라가 보는 것이 내 생각에는 좋을 것 같다. 내가 경험을 해보니 그렇단 이야기이다. 2013년 현대힐스테이트 미분양 아파트 분양권을 구입한 계기는 우연히 이루어졌지만 서구 화정동은 남아 학군으로 유명하다. 나는 아들 셋이 있기에 나중에 내가 실거주를 해도 좋을 것 같다는 생각이 들어서 매수에 들어갔다. 혹시 모를 리스크에 대비해서 내가 실거주를 할 수 있다고 생각하니 투자하기가 쉬웠다. 입주 때 실제 입주를 하지 못하더라도 구입 당시에 구입해도 괜찮다는 생각이 나 스스로 들게 하는 일종의 세뇌를 거는 것과 같다.

남구 주월동 골드클래스 미분양 아파트 분양권이 같은 시기에 분양하는 다른 단지보다 분양가가 무려 1억 5천만 원이 높더라도 계약을 했던 이유는 단순하다. 나는 아들 셋이고, 남구에 여학군이 좋은 그곳에 실거주할 이유는 없었다. 그러나 지인 중에 딸만 있는 지인이 있었는데 중고등학교 갈 때가 되니 실거주지를 여학군이 잘 되어 있는 남구 주월동으로 이사를 하는 것을 보고 착안을 한 것이다. '그래, 여자아이가 있는 가정이라면 남구 주월동으로 이사를 하는구나.' 하고 힌트를 얻었다. 남구 주월동에는 신규 분양하는 아파트 부지가 거의 없을 정도로 분양이 드물다. 이곳에 신규 아파트라면 분양가가 높더라도 입주 시점에 가치가 있을 것으로 확신했다.

화정동 아파트 분양권을 C부동산공인중개사 소개로 1단지 6층을 프리미엄을 주고 매수를 했다. 화정동 주상복합 아파트로 1단지와 2단지가 있으며 세대 수 합 대략 900세대이다. 2019년 7월 정도 분양을 완료했으며, 분양가 대략 5억 6,000만 원인데다가, 2020년 1월 6개월이 지난 시점에서 전매가 가능한 아파트 분양권이다.

입지는 광주 서구 화정동이며, 광주 고속버스터미널 바로 뒤편이다. 또한 광주 신세계 백화점과 신세계 E마트가 바로 옆에 있어 백화점이 세권에 있다가 또 터미널 근처로 메디컬센터가 많아, 의료기관의 입지로서는 최고다. 더구나 광주에서는 아이파크라고 하면, 누구나 알아주는 메이저 건설사다. 하지만 단지는 1단지로 선호하는 단지인데 층이 6층으로 저층인 것이 마음에 걸렸다. 결국 나는 저층이라는 이유 하나 때문에 초단기간에 분양권을 양도하는 실수를 해버렸다. 순간 '이팔못사' 이제 팔고 나면 못 사는 것 같은 불안감이 몰려왔고 못내 아쉬웠다. 2013년 최초 분양권 투자를 한 화정동 현대힐스테이트를 볼 때면 몇 년이 지난 후에도 속이 쓰라려 오는데 또 화정동 현대아이파크를 이렇게 또 단기간에 매도하다니 정말 후회막심이다.

5개월이 지난 2020년 6월 나는 화정동 아파트 분양권을 1단지 고층으로 재매수 결정을 했다. 그리고 물건을 알아보기 시작했다. 1단지 RR의 물건은 프리미엄 가격은 이미 많이 올라 있었지만 정말 소유하고 싶었다. 많은 자금이 필요하여 난 남편을 설득하기 시작했다. 남편의 자본과 명의가 필요했기에. 저층을 팔아 1,500만 원 수익을 봤는데 지금 이 분양권을 못 사면 나는 화정동에 한이 맺힐 것 같다. 이미 프리미엄이 많이 올랐지만, 지난번 저층 단기 매매를 통해 1,500만 원 수익을 제외하면 지금 사도 그렇게 많은 프리미엄이 들어가는 것은 아니라고 이해를 시켰다. 또한 우리는 다주택 포지션으로 갈 것이기에 이번에는 공동명의로 하자고 했다. 나는 이미 주월동 골드클래스 분양권의 중도금 대출이 되어 있으니 공동명의를 하더라도 중도금 대출 부분에서는 전적으로 남편 앞으로만 중도금 대출을 실행하자고 디테일하게 설명했다.

나의 이런 확고한 투자 의지와 투자 플랜과 향후 미래가치를 설명하니 남편은 어렵지 않게 동의를 해줬으며, RR 분양권을 재매수하는 데 성공할 수 있었다.

부동산이든 주식이든 다른 비즈니스 사업이든, 소비자의 입장이 아니라, 투자자의 입장에서 생각을 해야 투자처가 보이게 마련이다. 사람들이 어디로 움직이는지, 정부 정책은 어디를 밀어주는지 관심을 가지고 바라봐야 촉이 발달하는 법이다. 내 돈을 어디에 넣으면 자산이 불어날지에 초점을 두고 일상을 대하라. 투자에 대한 당신의 안목도 커질 것이다.

6

부의 필수조건, 실행력

일반 가정에서 월급을 저축해서 목돈을 마련하여 은행 통장에 저축한 금액은 얼마나 될까? 현금 비중은 그리 크지 않을 것이다. 내 경우를 보면 기껏해야 4,000~6,000만 원 정도였다. 2016년, 2017년도만 해도 계약금으로만 4,000~5,000만 원이 필요했던 시절이다.

처음에는 투자라기보다는 실거주할 집을 매수하는 것으로 시작했다. 이때 사용한 자본은 저축액으로 계약금을 지불했다. 부동산 재테크 관련 책을 읽어보거나 유명 유튜브를 보면 일단 어떤 투자를 하기 전 공부 먼저 해야 내 귀중한 투자 자본을 잃지 않는다고 한다. 나도 이렇게 처음에는 부동산 관련 책을 도서관에서 빌려 읽으면서 공부를 시작했다. 실거주 아파트는 직장 및 아이들, 학교, 자본 등 여러 가지를 정말 고심해서 마련하고, 혹시 매입 후 가격이 하락하더라도 실거주를 하면 되기에 적금 등을 해지해서 사용한 것이다.

이사할 실거주 아파트도 마련하고 나니 그 이후 나는 투자를 더 하고 싶어졌다. 투자금 마련을 어떻게 해야 하나 고민해보니 책에서 읽은 대로 전세 레버리지를 활용할 생각을 하게 되었다. 당시 보증금 1억에 월 60만 원 월세를 받는 34평 아파트가 있었는데 전세 기간 만료일이 다가온 것이다. 난 반전세를 올전세로 바꾼다면 5,000만 원 정도 투자금이 마련되니 이렇게 올전세로 바꾸자고 남편에게 설명했고 이대로 실행했다. 남편은 월세 60만 원이 줄어드는 것을 아쉬워했지만 난 확신이 들었다. 이렇게 전세보증금이 들어오니 그다음 눈에 들어온 것은 미분양 아파트 분양권이었고, 계약금 또한 전세보증금 5,000만 원 내외로 가능했다.

다음으로 직장인 신용대출을 해준다는 문자가 계속 왔다. 난 대출이 필요하지 않았는데 대출 문자가 오니 확인이라도 해보자 하는 생각이 들었다. 확인 결과 2018년도 직장인 신용대출은 1억 2,000만 원이나 되었다. 나는 남편에게도 확인해보도록 한 결과 남편도 1억 원이 가능했다. 이율은 3.8% 정도였다.

이때 마침, C공인중개사로부터 공동투자 제안을 받았다. 택지지구에 54평 상가주택을 신축할 땅이 있는데 함께 공동투자로 상가건물을 신축해서 양도하자고 한다. 양도 차액은 2등분이다. 투자 자본을 문의해보니 내가 직장인 신용대출을 알아본 금액으로 얼추 가능해보여 난 공동투자자 제안을 받아들였다.

그때 내가 읽고 있던 책은 『마흔 살 행복한 부자 아빠』였다. 이 책의 뒷부분에 보면 공인중개사와 건축업자, 투자자가 함께 공동투자를 하는 방법이 소개되어 있었다. 3가지 일(대출문자, 공동투자제안, 부동산책)이 중복되니 하늘이 내게 투자하라고 자꾸 밀어주는 것 같았다. 더는 망설일 필요 없이 이 책의 내용대로 바로 실행했다. 나와 남편의 신용대출 합계 2억 2,000만 원에, 기존에 모아놓은 돈 4,000만 원을 추가로 해서 2억 6,000만 원을 뭉쳐서 C공인중개사의 계좌로 바로 이체했다. 게다가 이렇게 큰 금액을 제3자에게 차용증도 없이 보낼 수 있었던 이유는 이미 서로 간에 믿음이 구축되어 있었기 때문이었다.

투자할 물건이 눈에 띄었을 때는 비자금이라도 털어야 한다. 혹시 모를 일을 대비하여 남편에게 아쉬운 소리 하지 않고 사용할 비자금 말이다. 나 또한 결혼 전부터 모아놓은 목돈이 3,000만 원 정도 있었다. 투자를 하고부터는 이 비자금을 그냥 적금으로 넣어두자니 아까웠다. 남편에게 공개하지 않은 이 비자금을 부동산 투자로 불리고 싶었다. 나는 남편에게 비자금 공개를 하지 않고 일단 계약금으로 사용하고 자본이 마련이 되면 다시 내 비자금 통장으로 3,000만 원을 안전하게 옮겨두었다.

나는 B부동산공인중개사로부터 공동투자 제안을 한 번 더 받았다. 마침 실거래가보다 몇 천이 저렴한 물건이 매물로 나왔는데 3명이 함께 공동투자로 해보는 것이 어떻겠느냐는 제안이다. 솔깃했다. 내가 가진 자본이 부족한데 3명이 함께 투자금을 모으면 1억 정도가 되는 것이다. 이 자본으로 저렴하게 나온 아파트 물건을 등기 후 전세를 놓은 다음 2년 후 매도하여 양도 차액은 3등분 하자는 제안이다. 공동투자 아파트 또한 단지 내 아파트이고, B공인중개사는 바로 내 고등 동창인 미숙이 남편이기에 더 신뢰가 갔다. 나는 B부동산공인중개사님이 권했던 이 공동투자 또한 바로 실행했다.

7

당신의 투자 사이클은?

마중물을 부어야 지하수를 퍼올릴 수 있다.

어릴 적 집 마당에 있던 물 펌프를 사용할 때면 항상 먼저 해야 할 일은 한두어 바가지 물을 먼저 부어준 다음에 펌프질을 해야 지하수를 끌어올릴 수 있었다. 펌프질을 할 때 물이 부족하면 아무리 힘을 들여도 지하수를 끌어올릴 수 없다. 부동산 투자를 할 때도 내 자본이 일정 금액 들어가야 시간을 먹고 자란 후 수익금으로 돌아온다. 그래서 부동산 투자금은 일종의 마중물인 셈이다. 투자금이 있어야 실행이 가능한 나의 성격상 한 번의 부동산 투자를 한 후엔 어떻게 자본을 뭉쳐서 다음 투자를 해볼까 하는 생각을 하곤 했다. 그래서 여기저기 흩어져 있던 저축통장들을 하나 둘씩 해지해서 모아 목돈을 마련했다. 앞서 말한 아이 용돈 저축 노하우 및 아파트 공동투자법에서 소개한 것처럼 아이들 용돈통장을 한데 뭉쳐서 투자를 진행하고, 이후엔 개인연금저축펀드를 해지해서 투자 자본을 마련했다.

투자금(마중물)을 마련하여 지금껏 투자를 진행해보니 내 부동산 투자 주기는 6개월이다. 부동산은 시간을 먹고 자라기 때문에 가능하면 먼저 씨를 뿌려놓아야지 열매를 수확할 수 있는 것이다. 그래서 되도록 투자금을 마련해서 6개월 단위로 투자를 진행하니 다음 투자 시기 또한 빨리 돌아왔다. 부동산 투자는 장기 투자이니 6개월 후 수익이 나는 것은 극히 드물다. 무주택자도 2년을 소유해야 양도세 비과세를 받을 수 있고, 다주택자도 2년을 소유해야 일반과세로 양도세를 내고 팔 수 있기 때문이다. 투자해놓은 물건이 회수되는 기간 최소 2년에 내 투자 자본 뭉치기 노력을 더한 것이다. 또한 내 부동산 투자뿐만 아니라 가족의 투자 조언을 해주고 있기에 가능한 주기이다.

예를 들어, 2021년 12월 나는 토지 투자 20평을 들어갔다. 바로 지분 투자이다. 금액은 대략 4,000만 원이다. 2021년 7월 지방의 분양권을 매수했다. 투자금은 대략 6,000만 원이다. 2021년 1월 내가 사는 곳의 오를 것으로 예상되는 구축 물건을 갭투자로 접근했고, 투자금은 6,000만 원을 생각했지만 1억 정도 들어갔다. 2020년 6월 광주의 분양권 매수를 했다. 살고 싶은 곳의 분양권이기에 높은 분양가임에도 프리미엄을 주고 매수를 했다. 2019년 11월 남동생의 실거주 아파트 매수 진행을 도왔다. 자본금이 부족한 동생에게 대금을 빌려주고 실거주 집을 매수하도록 하여 현재 거주하고 있다. 2019년 4월 현재 내 실거주지 등기 후 이사를 했다. 많은 중도 대출금 실행을 해서 투자금을 마련했다.

내가 친하게 지내고 있는 블로거 이웃 S님이 계시다. S님은 전국적인 투자자이다. S님의 남편과 함께 임장을 다니고 매수하고자 하는 물건을 서로 논의하고 그래서 투자자금이 모이면 일 년에 한 건 정도 투자를 진행하고 있다고 한다. 매입한 물건을 전세를 놓고 전세금 회수가 되면 다음 물건을 물색하고 자본에 맞게 무리하지 않고 투자를 진행하는 것이다.

처음부터 투자 주기를 정해놓고 시작한 것은 아니다. 그런데 내게 일 년에 한 번은 너무 길다. 내 성격상 맞지 않는 것이다. 나는 신호등을 기다리는 시간도 답답해하기 때문이다.

그래서 부동산 투자 주기를 1년에 2회 6개월 주기로 하면 그래도 심심하지 않게 일상을 지낼 수가 있기에 하다 보니 6개월인 것이다. 이렇게 투자 주기는 사람마다 다르다. 이 책을 읽는 독자들도 직접 투자를 해보고 투자 주기를 기록하다 보면 다음 투자할 물건을 찾고 진행하는 데 도움이 많이 될 것이다.

초기에 프리미엄이 높았으나 이후에는 빠지는 분양단지가 있고, 처음에도 높았지만 그 높은 가격은 이후에는 다시 살 수 없는 저렴한 가격이 되는 단지가 있다. 따라서 실거주자라면 적당한 금액이 왔을 때 매수 결정을 하는 것이 좋다. 왜냐하면 결국 입주 후에 어느 정도 시간이 지나면 내가 프리미엄을 주고 산 가격보다 매매가가 상승해 있을 가능성이 더 크기 때문이다. 기억하기를 바란다. 실거주자라면 매수가 답이다.

제4장

아파트, 투자는 이렇게 하라

1

부의 시작은 내 주변에서부터

첫째, 내가 살고 있는 구를 중심으로 투자를 시작해보는 것이 안전하다. 나도 처음에 실거주 아파트 분양권을 매수하는 것을 시작으로 첫 투자를 시작했다. 이 지역의 분양권을 매수한다면 차후 내가 실거주를 할 수 있을 것인지 아닌지를 생각해보고 투자를 진행했다.

아이들의 학교, 직장 등을 고려해서 안전하게 실거주가 가능하다면 일시적 1가구 2주택으로 양도세 비과세도 받고 투자 수익도 올리고 하면 딱 좋다. 아파트 매수 때는 이렇게 생각을 해야 매수하는 데 고민을 덜 수 있다. 매도 때는 그때의 상황을 고려해서 계속 보유해서 실거주할지 다시 생각하고 결정하면 된다. 즉 처음 매수를 할 때 내가 사는 지역을 하는 것이 좋고, 사고 싶은 아파트가 있다면 실거주도 가능한지를 고려하면 된다. 그래야 매수할 때 부담이 화~악 내려간다.

내가 사는 지역의 아파트를 구매한다는 것의 장점은 첫 번째로, 투자 현장의 입지 상황을 잘 파악하고 있다는 점이다. 아파트의 어느 동이 좋은지, 애들 학교는 어디로 가는지, 아파트의 주출입구와 부출입구, 어느 동선이 출퇴근에 쉬우며, 도로가 안 막히는지도 잘 알기에 좋은 매물을 구할 수 있다.

둘째. 내가 사는 지역을 더 잘 알 수 있다. 내가 실거주를 한다는 생각으로 매수해서 전세를 놓는다면 다른 사람들이 왜 그곳을 실거주로 선호하는지를 더 잘 알 수 있다. 대부분 그곳의 거주자들은 직장, 학교, 학원, 교통 등 공통된 이유의 입지를 보고 실거주를 선택한다.

셋째, 같은 지역 내에서도 내가 실거주하기 어려운 아파트에 투자한다면 내 가족들이 실거주하기에 좋은 아파트를 선택한다. 오빠와 남동생이 있기에 이러한 마인드로 아파트를 선택했다. 물론 투자의 첫 번째 우선순위는 그 아파트를 매수해서 매매가 상승을 기대할 만한 곳으로 투자를 하는 것이 기본 전제이다. 여차해서 세입자를 구하지 못한다면 가족이라도 실거주할 수 있는 곳의 아파트에 투자하는 것이다.

넷째, 선호도가 높은 입지 및 유명 브랜드 아파트를 선택해서 투자한다. 내가 실제 거주하기엔 어렵지만 투자해서 아파트 매가 상승분도 가져가고, 이 아파트를 소유했다는 것만으로도 마음이 뿌듯해지는 단지의 분양권 투자를 하면 되는 것이다.

이런 아파트의 장점은 사람들에게 인기가 좋기에 전세 호가도 높다. 실거주와 투자처를 분리하자. 나는 저렴한 곳에서 실거주하고 명품 아파트에 투자를 해서 전세를 내놓음으로써 자산을 늘려왔다.

2

원하는 아파트를 얻는 확실한 지혜

각 지역마다 당신의 마음이 가는 단지가 있을 것이다. 나는 다주택자로 분양권 당첨이 거의 제로였다. 그래도 관심지 아파트가 분양한다면 그곳에 눈과 마음을 두고 있다가 적절한 기회가 왔을 때 잡았다. 적당한 기회라는 것은 미분양이 난다거나 분양이 완판되었지만, 초기에는 프리미엄이 다소 많이 높았으나 계약 완료 후 몇 달이 지난 시점에서 초기보다 프리미엄이 빠지는 현상이 생길 수 있다. 그렇기에 관심지 분양권의 시세 변화를 유심히 지켜보는 것이 좋다.

초기에 프리미엄이 높았으나 이후에는 빠지는 분양단지가 있고, 처음에도 높았지만 그 높은 가격은 이후에는 다시 살 수 없는 저렴한 가격이 되는 단지가 있다. 따라서 실거주자라면 적당한 금액이 왔을 때 매수 결정을 하는 것이 좋다. 왜냐하면 결국 입주 후에 어느 정도 시간이 지나면 내가 프리미엄을 주고 산 가격보다 매매가가 상승해 있을 가능성이 더 크기 때문이다. 실제로 내가 사는 광주광역시의 아파트 가격은 결국엔 우상향 곡선을 그리고 있다. 기억하기를 바란다. 실거주자라면 매수가 답이다.

일시적 1가구 2주택으로 양도세 비과세를 받고 취득세도 기존 주택 매도조건이면 1.1%이다. 양도세 또한 면제받을 수 있다. 그래서 내가 사는 단지보다 좋은 아파트로 뛈뛰기를 한다면 자산의 증가를 가져올 수 있다. 실거주하면서 매매가 상승을 기대함으로 부담도 덜 수 있다.

관심지 아파트를 유심히 지켜보는 이유는 급매로 잡을 수 있기 때문이다. 급하게 사연 있는 물건이 갑툭튀(갑자기 툭 튀어나옴)로 나올 때 그 물건을 잡으면 시세보다 저렴하게 매수를 하여 투자 시작부터 일정 수익을 먹고 들어갈 수 있다. 급매물건을 잡으려면 평소 친하게 지내는 부동산 소장님에게 미리 매수 의사를 전달해두고 시세보다 싸게 나온 물건이 있다면 잽싸게 소개를 부탁하는 것도 필수이다. 급매물건은 시세보다 3,000만 원에, 많게는 1억까지도 싸게 나올 수 있다. 부동산의 적정가격은 정해져 있는 것이 아니라 매수자 매도자가 정해서 적정 합의점이 만들어질 때 거래가 된다.

Point 급처분이 필요할 때는 시세보다 싸게 내놓기, 필수적으로 매수를 하고 싶다면 시세보다 비싸게 사면 모든 거래 OK!

3

레버리지의 황금마술

한 친구가 나에게 물었다.

"자기는 어떻게 그 많은 대출이자를 내고도 생활을 할 수가 있어?"

"난 맞벌이 부부지만 애들 학원비 내고 중고생이라 점점 학원비가 더 많이 들고 생활비로 쓰고 하면 한 달 살기도 빠듯하고 심지어는 거의 매달 마이너스야."

"그런데 어떻게 그렇게 대출이자를 감당해?"

친구에게 해준 내 대답은 "대출을 더 많이 받으면 된다."였다.

이유는 간단하다. 매달 나가는 고정지출에 애들 학원비에 집안 대소사를 챙기면 그 달 벌어 그 달 생활하기 바쁜 것이 일상이다. 그래서 내가 한 방법은 대출을 더 많이 일으키는 것이다. 대출을 더 많이 받으면 이자도 더 늘어난다. 그런데 가장 중요한 것은 대출을 받아 투자를 한다고 했을 때, 이 투자 물건이 시간을 먹고 자라 차후 양도 후에 이익금으로 돌아올 때까지 내 생활이 유지가 되어야 한다. 하지만 생활고에 시달리면서 내 투자 물건의 이익금이 커질 때까지 기다리지 못하고 급매로 팔아버리면 안 된다. 그래서 더 많은 대출을 받아서 대출이자까지 대출로 납부를 하면 되는 것이다. 물론 일반 사람들은 쉽게 하지 못하는 방법이다. 그렇기에 대출에는 용기도 필요하다. 대출을 받은 사람들은 대출금을 갚기 위한 노력도 최대한으로 해야 하는 것은 물론이다. 공격적인 방법은 나로 하여금 더 큰 일을 할 수밖에 없는 기회가 될 수도 있다.

예를 들어, 신축 4억인 아파트가 있다. 내가 구축을 팔고 신축으로 갈 때 구축은 2억이고, 내가 모아놓은 돈이 1억이 있다. 그래서 담보대출에 필요한 돈은 1억이면 된다. 이때 신축 아파트 대출 가능 금액은 2억이라면 필요한 돈이 1억일지라도 2억을 대출받는다. 필요한 돈은 1억만 쓰고 대출이자로 약 1,000만 원을 통장에 넣어두고 자동으로 빠져나가게 한다. 남은 대출 9,000만 원은 다른 분양권 또는 투자를 해야 한다. 이렇게 해야 내 생활은 그대로 유지되면서 대출이자도 내고 나중에 투자한 물건 매도를 해서 대출이자를 내고도 수익이 남게 된다. 즉 다른 투자를 할 수 있을 때 더욱 많은 자금을 대출하는 것이다.

이렇게 조언을 해줬을 때 실행하는 것은 본인들의 몫이다. 조언을 해줬으나 지인 중 1명은 남편이 대출을 너무 싫어해서 딱 필요한 금액만 대출받았고 그 이자를 납부하느라 생활이 더 빠듯하다고 했다. 다른 지인은 풀대출을 받아서 일정 부분 납부할 이자 금액을 통장에 남겨두고 나머지는 다른 투자를 하고 있다. 하지만, 지난 내 경험상 생활자금으로 대출을 늘리는 것보다 주택을 매수하면서 대출을 받는 부동산 담보대출이 훨씬 더 수월한 대출 방법이다.

4

부를 원한다면, 투자금부터 만들어라

처음 투자를 할 때는 저축한 돈으로 하면 된다. 그러나 저축한 목돈으로 투자를 한 번 하면 투자자금을 다 쓰기 마련이다. 두 번째 투자를 하려면 매도까지 긴 시간을 기다려야 한다. 그러나 투자에는 시기가 있기 때문에 사고 싶은 물건이 있을 때 놓치지 않기 위해서 각종 대출을 활용하면 된다.

① 청약통장 대출 : 청약통장의 자격을 유지하면서 납부 금액의 상당한 금액을 대출받을 수 있다.

② 예금 담보대출 : 예금한 돈을 담보로 대출을 받을 수 있고 중도상환 수수료도 없다.

③ 종신보험 등 약관대출 : 보험약관대출은 이율이 5~6%이지만 전화로 대출 신청 후 5분 이내에 통장으로 입금되니 마음에 드는 물

건의 계약 시 가계약금을 넣을 때 주로 사용을 한다. 그리고 중도상환 수수료도 없다.

④ 연금저축 대출 : 연금저축이 1,000만 원 정도 납부되어 있다면 800만 원 이상 대출이 된다. 이자도 보험약관대출에 비해서 2~3%대로 저렴하다.

⑤ 은행 신용대출, 마이너스 대출 : 주거래은행에서 직장 근로소득 자료 제출을 한 후 대출을 받으면 된다.

⑥ 카카오톡 : 카카오톡 자산홈으로 들어가면 대출이 있다. 이곳에서 내가 받을 수 있는 모든 종류의 대출금액이 이율과 함께 표시가 된다. 이곳에 표시된 주거래은행 마이너스 대출을 은행 방문 없이 간단하게 실행할 수 있다.

⑦ 직장인 퇴직금 정산 : 직장인 퇴직금 정산은 일정 요건(무주택자 전세 등 주택 구입 시, 의료비가 연간 1,000분의 125를 초과할 때 등)을 갖춰야 정산받을 수 있다. 퇴직금 정산은 퇴직금을 정산 가능한 사유가 있고, 퇴직 시점이 아닌 지금 정산을 해서 투자도 하고 투자수익으로 퇴직할 때 받는 금액보다 더 많이 벌 수 있을 때 과감하게 실행을 해야 한다. (퇴직금은 퇴직 시점에 가장 많은 퇴직금을 받을 수 있기 때문이다.)

⑧ 애들 용돈 저축분 : 애들 나중에 대학 때 대학등록금으로 쓰려고 불입해둔 자금이나 용돈을 저축하고 있는 경우 그 금액을 투자금의 일부로 사용하고, 이익금을 투자금 비율대로 나눠준다면 애들도 부모를 믿고 동의를 해준다.

⑨ 분양권 대출 : KB캐피탈 등에 분양권 대출을 알아보면 분양가

격과 기존 대출 등을 종합하여 대출 가능금액을 알려준다. 예를 들어, 4억 원에 분양한 분양권인 경우 8,000만 원 정도 대출이 되며, 이율은 11~12%이다. 이 대출은 대출이자가 비싸고 중도상환 수수료가 있음으로 다급할 때만 응급처방용으로 사용하면 된다.

⑩ 사업자 대출 : 사업자 대출을 받기 위해 국세청에 개인사업자로 등록을 하고, 1년 동안 소득신고가 되면 다음 연도에 사업자 대출을 받을 수 있다. 즉 입주 시점에 실거주지 주택담보대출을 풀로 받았지만, 사업자 대출이 있으면 대출을 추가로 받을 수 있다. (대신 주택 실거래 가격이 상승해야 추가 대출을 받을 수 있다.)

⑪ 차량 판매 : 정 급하면 차라도 팔고 자금으로 사용한다. 이후 더 좋은 차로 사면 된다.

⑫ 부모님 찬스 : 부모님은 투자를 모르시고 보수적인 경향이 강하지만 자식이 급한 돈(투자금)이 필요하다고 하면 종종 무이자로 빌려주신다.

5

돈을 부르는 설득의 기술

투자를 상담해보면 나는 투자를 하고 싶은데 남편이 혹은 아내가 대출을 싫어한다는 이야기를 많이 듣는다. 부부 둘 다 직장인이고 대출이자를 낼 수 있는 고정적인 월 급여가 있음에도 대출을 두려워하는 것은 투자에 대한 자신감이 없기 때문이다.

내가 공부를 해서 투자를 할 때 이자 부분을 내 월급으로 감당할 자신이 섰다면 투자를 혼자 먼저 진행해도 된다고 본다. 즉 내가 감당할 수준의 투자를 하면 되는 것이다. 가장 좋은 것은 부부가 함께 상의하고 투자를 해야 누구 탓을 하는 것이 적을 것이다. 그리고 함께 투자한다면 부부금실도 더 좋아진다고들 한다.

내 경우 월급쟁이이고, 대출이자 부분이 어느 정도 감당이 된다면 혼자 투자를 진행하기가 훨씬 쉬웠다. 즉 남편 혹은 아내에게 '동의를 얻기보다 용서를 받는 것'이 더 쉬웠다.

내 자본을 다 끌어모아 투자를 하고도 투자하고 싶은 물건이 있을 때 자금이 부족하다면 그때 가족에게 도움을 요청해도 늦지 않다. 도움을 요청할 때는 현명해야 한다. 미리 투자 물건에 관해 공부를 많이 하고 최대한 부드럽게 설명해주는 과정이 필요하다. 이 물건을 매수하고자 하는 이유, 매수 후 필요한 자본, 필요한 자본에 대한 발생이자 감당 부분, 어느 정도 보유 후 매도할 때 양도 차액 등 자세한 브리핑이 필요하다. 가족도 내 설명을 들어보고 합당하다는 생각이 들면 자신의 자본을 보태어줄 것이다.

'거절은 기본이다.'라는 생각을 기본 바탕으로 깔고 설명을 시작하면 상대방이 거절해도 상처를 덜 받을 수 있다. 나도 처음에는 가족에게 자본의 도움을 받고자 브리핑을 최대한 자세하게 설명했음에도 대출 및 이자가 너무 많다고 거절당해본 경험이 있다. 하지만, 계속 미련을 버릴 수가 없었다. 그때 내가 했던 방법은 앞에서 말한 직장인 퇴직금 정산 및 분양권 대출을 받아 자금을 마련했었다.

6

조정지역과 투자의 상관관계

나는 주로 내가 거주하고 있는 광주지역에 집중투자를 했다. 하지만 광주도 조정대상지역 지정을 받게 되었다. 조정대상지역 지정이란 국토교통부 장관이 지정하는 주택법 제63조의2, 다. 지역의 청약경쟁률, 집 가격, 분양권 전매량 및 집 보급률 등 통계를 내어 고려하였을 때 이 지역들이 과열되어 있거나 과열될 우려가 있는 곳을 지정하는 것이다.

내가 공격적으로 투자할 당시는 조정대상지역 지정 전이었다. 타이밍이 좋았다. 비규제지역이기에 4주택까지는 1~3% 취득세를 내고 대출도 많이 되었다. 그래서 조정대상지역 지정 전에는 주로 실거주 아파트와 분양권 투자를 했다. 분양권 투자는 초기 계약금 10%만 납부 후 입주 때까지 기다리기만 하면 되는 시장이었다. 또 아파트 전세를 끼고 매수하는 것도 취득세 부분에서 자유롭기에 2주택, 3주택이 되어도 투자할 수 있었다. 그러던 중 2020년 12월 18일 조정대상지역이 되었다.

규제는 바로 취득세 중과, 양도세 중과, 보유세 중과 모두 세금 증가로 돌아왔다. 그뿐만 아니라 대출에 대한 규제도 어마어마하게 들어왔다. 2017년에 매수한 분양권을 등기 시점인 2021년 잔금대출을 받고자 했으나 대출 규제로 0원이었다. 이후 나는 취득세 중과를 피하려고 다른 투자처를 물색하다가 공시지가 1억 미만 주택을 알아보기 시작했다. 취득세 중과도 피하고 향후 매매차익도 기대해볼 수 있는 투자를 하고자 매물을 알아보기 시작했다.

이때 지인을 통해서 알게 된 토지 투자로 새로운 투자 경험을 할 수 있었다. 토지 투자는 취득세도 약 5%이고 명의에서 자유로운 것이 아주 매력적이었다. 그뿐만 아니라 이후 매도 확정인 토지를 매수함으로써 기대수익도 높았다. 즉 투자를 결정하는 조건이 매도와 수익이 가능하다는 것에 초점을 두었다.

나는 조정대상지역에서는 취득세 중과를 맞아가면서 더 이상 아파트를 쉽게 늘릴 수 없었기에 이 토지 투자에 매력을 느꼈다. 이 토지 또한 나중에 건설사에 매도가 되어 아파트가 지어지게 될 토지를 사는 것이다. 토지 투자 부분은 부록에서 자세히 다루겠다. 또 다주택자인 내가 할 수 있는 투자는 비규제지역 분양권 투자였다. 비규제지역은 타인에게 분양권 전매가 가능하다. 이 정보를 알고 나서, 비규제 지역의 아파트 분양권이면, 프리미엄을 주고서라도 매수했다.

조정대상지역 지정 전과 후로 나의 투자 변화를 보면 조정대상지역 지정 전에는 분양권 투자, 갭투자, 실거주 아파트 매수 등을 했다. 이후 조정지역 지정 이후에는 토지 투자, 비규제지역 분양권 투자, 공시지가 1억 미만 투자를 진행했다.

어렵게 얻은 카페 정보나 단톡방 정보를 알고 정모 참여를 하게 되면 탈퇴하지 말고 유지를 하기 바란다. 나중에 다시 들어가려고 하면 비번도 바뀌고 방장이 바뀔 수 있어서 다시 들어가기 어려울 수 있다. 나는 2018년쯤부터 가입된 카카오톡 단톡방 3개와 이후 관심지 물건 단톡방 1개에 가입되어 있다. 그리고 블로그를 하고 있어 소통하는 이웃들의 블로그를 통해 정보를 얻고 댓글로 추가 질의를 통해 답변을 얻는다.

제5장

부동산 투자 고수와의 만남은 필수다

1

부를 끌어당기는 자세

투자할 때는 흐름을 잘 타야 한다. 서울은 강남지역이 먼저 오르고 이후 그 외의 서울지역, 그 후 경기도로 퍼져나간다. 그와 마찬가지로 광주광역시로 따지면 봉선동이 가장 먼저 오르고 2번째로 수완지구, 이후 세 번째로 화정동, 상무지구, 계림지역을 보면 된다.

1군지를 사고, 1군지를 못 샀다면 2군, 그도 아니라면 3군을 투자해야 한다. 그러니 물의 파동처럼 흐름을 타야 하는 것이다. 부동산 투자 초보라면 혼자서 이런 흐름을 알기 어렵다. 그래서 부동산 관련 온라인 모임이나 오프라인 모임의 적극적인 활동을 필수적으로 해야 한다. 나 혼자 투자하는 길은 어렵지만, 함께 가는 길은 쉽다. 온라인 모임에서 얻을 수 있는 것과 오프라인 모임에서 얻을 수 있는 것이 각각 다르다. 그렇기에 온라인 모임 후 오프라인 모임이 마련된다면 꼭 필수적으로 참여를 해야 한다. 온라인에서는 무명으로 참여하는 경우가 많다. 정보교환도 되고 정말 친절하게 답변해주는 이가 있다. 많은 사람의 답변을 바라는 것이 아니라 내가 원하는 답변 하나를 얻더라도 그 온라인 모임은 도움이 된다. 내가 부동산 투자를 하기 전에는 흐름을 몰랐다. 그러나 이 온라인 모임에 참여하고 이후 실제 오프라인 모임에서 알게 된 투자 고수들에게 지금 내가 살고 있는 곳의 투자 흐름을 정확히 들을 수 있었다. 대개 투자 고수들은 지역 내뿐만 아니라 부산, 서울, 대전, 경기도 등 전 지역을 투자하고 있었다. 나만 지역 내에서 투자하고 있음을 알게 되었다. 이 부동산 고수분들은 전국구 투자를 하고 있고, 이미 네트워크를 갖추고 있어서 투자자들이 어디를 보고 있고 발이 빠르게 선진입을 하는지를 정확히 알고 있었다. 또한 오프라인에 참석한 사람들은 정보를 한마디라도 더 얻기 위해서 열심히 귀를 기울인다. 고수들 또한 자신의 부동산 매매 경험 등을 알려주고 싶어 하고, 더 출중한 투자 전문가를 만나기를 원해서 오프라인 모임에 참여한다.

처음 온라인 모임에 참여할 때는 다들 모르는 사람들이기에 활동에 소극적일 수 있다. 하지만 그럴 때는 온라인의 모임장님께 질문을 하고 친한 척하면 된다. 모임의 리더는 회원들이 단톡방에서 즐겁게 참여를 하고 방이 활성화되기를 진심 바라고 있으니 답변 또한 더 친절하게 알려준다.

이후 오프라인 모임에 참여를 할 때는 나도 정말 발이 떨어지지 않았다. 모임에 참석한다는 댓글을 적는 것조차 망설여졌다. 아무도 아는 사람이 없으니 모임에 나가도 혼자 뻘쭘해하면서 있을 장면이 그려졌기 때문이다.

그래도 첫 출발이 중요하다. 오프라인 모임 공지가 뜨면 몇 백 명 중에 20~30명 참여를 하더라도 꼭 참여 의사를 밝히고 정해진 시간에 참여를 하길 추천한다. 부동산 투자도 사람과 사람이 하는 것이고 정보교환도 해야 스스럼없이 더욱 챙겨주고 싶은 것이 인지상정인 것이다.

나의 첫 오프라인 모임 참석은 호프집을 운영하는 회원의 가게에서 진행을 했다. 다른 성별을 가진 사람이 호프집에 모여 술이라도 한잔 하면 “난 술도 잘 못 마시는데 참여를 해도 될까?” 이런 고민은 할 필요도 없다. 내가 경험해보니 술을 권하지도 않거니와 물만 마셔도 된다. 처음 오프라인 모임에 참석했을 때 방장은 단톡방 닉네임으로 명찰을 만들어주었다. 나는 누가 누군지 모르지만 방장의 닉네임은 알기에 찾아갔고 인사를 했다.

“안녕하세요 방장님, 저는 이곳의 까페 닉네임 랑다르크입니다. 오프라인 모임 처음 참석했습니다.”

이렇게 소개를 하니 방장님은 정말 반갑게 맞이해주었고, 이내 본인 자리를 내게 내어주었다. 나는 어색하지만 각자의 닉네임을 보고 “반갑습니다.” 인사를 하고 어색하게 맥주잔을 집어들었다.

한 잔 해야 그래도 부끄러움이 가실 것 같아서였다. 생각보다 오프라인 모임 회원들은 친절했고, 각자 자기가 최근에 투자를 한 물건을 소개했다. 그리고 이내 내게도 질문을 해왔다.

"전 분양권 투자를 하고 있고, 제 물건 투자뿐만 아니라 가족의 투자도 함께 이끌고 있어요."

"내가 가지고 있는 물건은 A와 B입니다."

"내가 관심 있는 물건은 C입니다."

"이 물건의 현재 상황을 알고 계시는가요?"

내가 두서없이 생각나는 대로 드리는 질문들에 답변해주는 사람들로 인해 처음의 낯선 분위기가 이내 익숙해졌다.

4인 좌석이 30분에서 1시간이 지나면 자리를 옮겨서 투자에 관한 이야기 및 오프라인 참석 소감 등을 함께 나눴다. 그뿐만 아니라 그 자리에서 다 듣지 못한 정보에 대해 질문을 하기 위해 전화번호 교환도 했다.

어렵게 얻은 카페 정보나 단톡방 정보를 알고 정모 참여를 하게 되면 탈퇴하지 말고 유지를 하기 바란다. 나중에 다시 들어가려고 하면 비번도 바뀌고 방장이 바뀔 수 있어서 다시 들어가기 어려울 수 있다. 나는 2018년쯤부터 가입된 카카오톡 단톡방 3개와 이후 관심지 물건 단톡방 1개에 가입되어 있다. 그리고 블로그를 하고 있어 소통하는 이웃들의 블로그를 통해 정보를 얻고 댓글로 추가 질의를 통해 답변을 얻는다.

Point 온라인 모임 또는 투자자 카페 찾기 방법은 내가 읽은 도서에서 찾을 수 있다. 책의 저자들이 실제 참여를 해서 많은 정보를 얻은 카페나 유튜브, 블로그를 소개하는 것이 기본이다. 책을 읽고 맨 뒤편을 보면 자세히 기록이 돼 있다. 또한 네이버 카페를 검색해봐도 된다. 내가 주로 투자하는 곳인 광주광역시 같은 경우 사랑방부동산 단톡방이 있고, 네이버 카페(광사부)가 있다. 이곳에 가입을 하게 되면 부동산 고수들은 다른 지역도 투자하고 있음을 알 수 있다. 또한 나를 그곳의 단톡방으로 초대해주기를 부탁해서 가입하면 된다.

2

귀는 열고 입은 더 열어라

귀는 열고 입은 더 열어야 한다. 부동산 같은 경우 투자처에 대한 정보가 중요하기 때문에 내가 지금 어떤 것에 매수 관심이 있는지 알려야 한다. 난 직장맘으로 전업 투자자보다 정보의 양과 자료 분석에 대해 빈약하다. 시간상으로 매우 부족하기도 하지만 성향 자체가 철저한 분석 후 매수를 하기보다는 누군가 가지고 있는 정보에 따라 움직이는 경우가 많다. 물론 매수 결정을 하는 것에 결단은 나의 결단이 중요하다. 정보의 바다에서 나에게 유리한 정보를 간추리고 채택해서 적용하는 것이 중요하다. 의외로 많은 투자자들이 자신의 투자한 물건에 대한 소개와 도움을 주고자 한다. 나는 이 정보를 듣고 지각비를 내고라도 후발주자로 매수를 한다. 여기서 말하는 지각비란 매수 가격이 높거나, RR(로얄동 로얄층)이 아닌 곳을 잡는 것이다. 자력으로 물건 분석 및 투자 흐름을 파악하고 진입하는 것이 중요하겠으나 내가 한 방법은 지각비를 내고라도 거인의 어깨에 올라타는 것이었다.

난 내가 거주하는 곳의 부동산에 대한 투자를 주로 하고 있다. 그러나 투자자들은 전국으로 투자를 하고 있어 나 또한 전국 임장을 가고자 했다. 지역은 세종시로 정했다. 세종특별시 아파트가 고공 상승을 하고 있었고, 지인도 그곳에 거주하고 있어 나들이 겸 휴일에 임장을 갔다. 세종시 임장 사실을 부동산 단톡방에 알렸다. 그러나 부동산 단톡방에서는 "지금은 다른 지역이 아니라 본진 사수를 해야 할 때입니다."라고 여럿이 입을 모아 말해주었다.

"정말 투자하고 싶은 물건이 있는데 명의나 자본이 없어 투자하지 못하고 있다면, 정보 톡 주세요. 제가 그 물건 바로 매수하겠습니다."

타지 임장을 가고 있을 때 단톡방에서 지금은 본진 사수라고들 하는 상황에 내가 단톡방에 올린 댓글이다. 이 댓글을 보고 전국구를 투자하는 부동산 고수 언니가 연락처를 남겼다. 나는 바로 통화를 했고 '그 투자처가 어디인지? 어떤 물건인지? 매매가는 얼마인지? 지금 남아 있는 물건은 있는지?' 등을 자세히 들을 수 있었다.

지역은 내가 익히 잘 알고 있는 지역이라 나는 바로 인터넷으로 매물을 검색했다. 세종시 임장을 하고 있지만, 매수 의사는 본진에 있었다.

당일 세종시 임장을 마치고 거주지로 돌아왔다. 돌아와서 바로 추진한 일은 본진 사수 물건을 잡는 것이었다. 그래서 지역신문인 광주사랑방 신문을 검색했고, 이내 물건을 찾을 수 있었다.

물건은 3층으로 학원가가 잘 되어 외지 투자자가 많이 들어온 지역이었다. 3층이지만 남향이고 지하철 2호선과 가깝고 매매가 또한 3,000~4,000만 원이 오른 상태이긴 했지만, 전세를 잘 맞춘다면 갭투자로 접근할 수 있다고 생각했다. 부동산과 통화 후 집을 보여달라고 했다. 집에는 신생아가 있어서 조심스럽게 둘러볼 수 있었다.

매물을 본 후, 바로 매수 의사를 밝히고 부동산중개소를 통해 거래를 진행하고자 했다. 그러나 뜻하지 않은 복병을 만났다. 매도자는 실입주를 위한 매수자를 찾는 중이었다. 매도자 또한 매매대금으로 타 시도 주거지를 마련해야 하는 상황이었다. 나는 매수 후 전세를 놓고 전세자금과 내 자본을 합하여 잔금을 매도자에게 지급해야 했다. 실거주자는 입주와 동시에 잔금을 지급함으로 매도자가 안전하게 매매대금을 받아 이사를 할 수 있기 때문이다.

그 때문에 전세를 놓아야 하는데 전세가 제때 들어오지 않으면 매도자에게 매매대금 전체를 내주어야 하는 상황이 생길 수 있었다. 나는 매매대금을 치를 준비가 전혀 안 되어 있었다.

이러한 상황이지만 나는 부동산중개소와 여러 번 통화했고, 부동산 사장님과 일상적인 대화들을 주고받는 과정에서 나에 대한 신뢰도를 줄 수 있었다. 내가 광주에 거주하고 있는 아파트는 신축 46평이며, 혹시 세입자를 구하지 못할 경우 남동생이 실입주해서 거주를 할 수도 있음을 알려주었다. 대화 도중 부동산공인중개사 사장님의 남편분은 내 남동생의 직장에서 함께 일하다 퇴직을 하신 분임을 알 수 있었다.

인맥은 큰 자산이다. 남동생과 부동산 사장님의 남편분의 직장이 같은 곳이었다는 점을 어필하고 신뢰도에서 가산점을 얻었다.

바로 이 부분으로 부동산공인중개사 사장님의 마음을 움직일 수 있었고, 매도자에게 한 번 더 매수 의사가 있음을 연락하여 요청했다. 그리고 혹시 전세 세입자를 잔금일에 못 맞춰서 매매대금을 지불할 수 없을 경우를 대비하여 현재 내 소유의 물건을 매물로 내놓았음을 알려주었다. 그 물건은 매매대금이 약 9억 원인 상가주택 건물이다. 이 물건에 대한 소개 및 매매가 될 수 있도록 공동중개 물건으로 내놓았다. 즉 내가 움직일 수 있는 자본의 사이즈를 공개함으로써 내 투자 성향과 투자 능력을 보여주었다.

3

내 자산의 성장을 돕는 성공파트너

귀는 열고 입은 더 열어서 매수에 성공한 물건은 부동산공인중개사의 도움도 크다. 공인중개사는 이 물건에 대해 애착을 두고 있고 이렇게 표현했다.

"단지 내에서 사계절 내내 거실 조망이 최고로 좋은 풍경을 볼 수 있는 아주 좋은 물건이다."

그리고 매도자가 이 물건을 매수할 때도 중개를 해줬으며, 매도자와의 신뢰도가 높은 상태였다. 나는 직감적으로 이 물건을 매수하려면 부동산공인중개사와 신뢰를 쌓아야 함을 피부로 느꼈다. 또한 매수 의사 전달 접촉도 무조건 부동산공인중개사를 통해 진행하는 것이 좋다고 생각을 했다.

나의 이런 성향 및 자금력, 그리고 며칠 만에 쌓아 올린 믿음으로 공인중개사를 통해 이 물건을 매수할 수 있었다.

Point 이 물건이 남아 있던 이유는 매도자에게 1개월 된 신생아가 있어서 코로나를 우려해 집을 자유로이 보여줄 수 없는 상황이었다. 또한 공인중개사무실 단독중개 물건이었다. 매도자는 실거주를 위한 매수자를 찾고 있었기에 참으로 까다로운 물건이었다. (외지 투자자는 대부분 매매와 동시에 전세를 내놓는다.)

어렵게 물건 거래를 성사시켰지만 전세 세입자를 받기 위해서는 매도자가 집을 보여줘야 가능하다. 매도자는 새로운 매수자의 전세 세입자를 맞추기 위해 집을 보여줘야 하는 의무는 없다. 하지만, 나는 전세 세입자를 받아야만 매도자에게 매매대금을 지불할 수 있는 상태였다.

나는 한 번 더 부동산 투자 고수인 언니에게 이 물건의 상황을 이야기하고 자문했다. 부동산 단톡방에서 알게 된 고수 언니는 또 한 번 꿀팁을 주었다.

Point 전세 세입자를 받기 위해 집을 5회까지 보여주고, 그 이후 1회 보여줄 때마다 10만 원 지급조건을 제시하도록 알려줬다.

전세 세입자를 받기 위해 기존 집주인에게 집을 다섯 번 보여주고 그 이후엔 보여줄 때마다 1회 10만 원씩 지불하겠다는 의사를 부동산 공인중개사를 통해 전달했더니 매매 계약서 특약사항에 기재도 해주셨다.

코로나로 외부인 출입을 불허했던 기존 집주인은 본인도 매매대금을 받아서 타 시도로 이사를 하려면 일정 부분 협조를 해야겠구나 생각을 했을 것이다. 1개월 된 신생아가 있는 매도자에게 정말 불편한 일이었을 것이다. 그래도 매도자는 내 급한 사정을 이해해주어서 정해진 횟수만큼보다 집을 더 보여주었다.

그러나 우려했던 일이 발생을 하고 말았다. 10월 말에 계약한 아파트에 전세 세입자를 구하지 못하고 2달이 훌쩍 지나가 버렸다. 외지 투자자가 몰려 전세 물량이 일시적으로 증가를 한 것이 원인이었다. 잔금은 다음 해 1월 말로 1달가량 남아 있었다. 발등에 불이 떨어졌다. 매매 부동산을 믿고 외지 투자자가 몰려 전세 물량이 많은 지역에 물건을 한 곳에만 내놓은 것도 실수였다. 난 이런 외지 투자자가 몰려 일시적으로 전세 물량이 쌓여서 제날짜에 잔금을 못 맞출 수 있는 가장 큰 문제를 간과한 것이다.

이때 금토림의 부동산 기초강의를 줌 수업으로 듣고 있었고, 전세 세입자를 받기 위한 비법을 전수받았다.

Point 부동산 100곳에 매물을 내놓는다. 매주 2회씩 부동산에 문자를 보내 내 물건의 중개를 생각나게 하라. 복비 따불도 필요하면 외치고….

금토링의 부동산 기초에서 전수받은 대로 한다고 해도 100곳은 무리였다. 한 12곳 정도의 부동산에 매물을 더 내놓았지만, 전세를 받아 잔금을 맞추기는 불가능했다.

잔금을 고스란히 매매가로 내어주고 1달 이상 공실 후 겨우 전세 세입자를 들였다. 전세가도 처음 낸 금액보다 3,000만 원 낮은 금액이었다. 난 갭투자 금액으로 6,000만 원을 잡았으나 예상보다 4,000만 원 더 큰 금액인 1억 이상의 자본금이 이곳에 들어갔다.

금토링의 부동산 기초수업 중 얻은 꿀팁으로 여러 부동산에 매물을 내놓았지만 결국 기존 매수 부동산공인중개사무소에서 전세를 계약할 수 있었다. 부동산공인중개사님도 내게 미안해했다. 왜냐하면 잔금 날짜에 전세 세입자를 못 맞춰서 고스란히 매매대금 전체를 지불하는 아찔한 경험을 했으니 말이다.

사실 처음 이 물건을 거래하고자 부동산공인중개소에 들렀을 때 공인중개사님은 내게 이렇게 말을 했다.

"갭투자는 정말 위험한 방법입니다."

"네, 잘 알고 있습니다. 하지만, 자신이 있습니다."

나는 정말 전세 세입자 맞추는 데에 자신이 있었다. 아니 그런 위험한 상황이 내겐 오지 않을 것이라고 믿고 싶었다. 난 갭투자를 하고 싶은 투자자이고, 이미 여러 고수님도 이렇게들 진행을 하고 있으니, 나도 할 수 있을 것으로 생각했다. 우여곡절 끝에 성공은 했지만, 그

급박한 상황은 지금 생각해도 어떻게 했는지 식은땀이 난다.

나의 실수로는 예상과는 달리 전세 세입자를 맞추지 못해 갭투자금 6,000만 원 정도가 아닌 매매자금 전체를 지불했다. 전세를 제날짜에 못 맞춰 1달 이상 공실이 났다. 전세가를 낮춰 받아야 해서 투자자금 1억 정도가 들어갔다.

부동산공인중개사가 매도자와의 신뢰 관계가 있어 실거주하지 않는 매수자이지만 나에게 매매를 진행시켜 줬으며, 공실이 나긴 했지만 그래도 이 부동산공인중개사 아니었으면 공실 기간이 어떻게 될지 아무도 모르는 일이었다. 부동산공인중개사 사장님은 전세 수수료도 감면을 해줬다.

4

부는 사람을 통해 온다

부동산 투자 업그레이드 인연은 누구일까?

내가 어떤 결정을 할 때 조금이라도 실수를 덜 하려면 누군가와 상의가 필요한 사람이 있어야 한다. 서로 의견을 나누다 보면 더 좋은 결정을 할 수 있다. 내 경우를 보면 나는 어떤 부동산 관련 의사결정을 할 때 최소 3~4명과 의견을 나눠본다. 내 생각대로 결정하기에는 위험부담이 있고, 보다 최상의 결정을 하고 싶어서 그렇게 한다. 그러기 위해서는 내 생각을 나눌 업그레이드 인연이 필요하다. 그는 부동산공인중개사도 될 수 있고, 부동산 투자를 잘하는 개인 투자자일 수도 있다. 알고 지내는 부동산공인중개사 5명 외에 사이버상에서 만난 이웃들과도 소통하며 물건에 대한 의견을 나눈다. 네이버 블로그 이웃을 맺고 적극적인 소통을 함으로써 친분을 쌓았다. 블로그는 부동산 또는 재테크 정보를 상호 공유하고 이웃에게 정보를 전달하는 역할 및 기록하는 역할을 톡톡히 한다.

나는 이러한 블로그 활동을 2020년 9월부터 하고 있다. 내가 관심 가는 정보를 올리는 이웃과 이웃 맺기 및 서로 이웃을 신청하면서 이웃 수를 늘리고 정보를 공유했다. 생각보다 훨씬 많은 이웃이 활동하고 있었고 지역 또한 전국구이다.

블로그 이웃을 통해 다른 지역 상황 및 흐름을 알 수 있고 임장기 또한 볼 수 있어 그 지역을 실제 임장해보지 않고도 얻는 정보가 많다. 지역이 가까워 친하게 지내고 싶은 이웃이 있으면 나는 주저하지 않고 연락처를 비밀댓글로 달았다. 직접 통화도 하고 만나서 차 한 잔도 함께했다. 유명한 지역 내 블로거를 만날 때 일이다. 그는 내가 사는 집 근처 재개발 물건지를 둘러보러 왔다고 한다.

"저희 집과 가까우신데, 근처에서 차 한 잔 하실까요?"

"아~ 네, 가능합니다. 20분 뒤 봅시다."

블로그 이웃님으로 소통하면서 한두 달 친하게 지냈지만, 실제 만난 적은 처음이었다. 시간은 저녁 8시쯤 찻집에서 만나서 이야기를 주고받았다. 역시나 블로그 이웃은 거물이었다. 30대 초반인 그는 전국구 투자도 하고 가족도 1주택 + 1분양권 또는 1주택 + 1입주권 등 비과세를 받을 수 있게 물건 세팅을 다 해둔 상태였다. 그것도 아주 똘똘한 것으로 말이다.

나 또한 가족의 투자 조언 및 물건 매매를 도와주고 있음을 알렸다. 그리고 현재 재개발 물건에 대한 관심이 있으며, 현재 시세 및 재개발 진행 속도 등 따끈따끈한 정보를 들을 수 있었다. 이때 이 젊은 블로거를 만난 것을 난 아주 좋은 인연이라고 생각한다. 무엇보다 가장 좋은 것은 안면을 트고 나니 이후 카톡으로 질문을 주고받을 수 있었고, 또한 정말 급할 땐 전화상담도 받을 수 있었다. 이 젊은 블로거는 나에게 많은 것을 알려주었다. 내겐 정말 감사한 분이 아닐 수 없다.

2021년 공시지가 1억 미만 주택에 대한 투자가 풍선효과로 나타날 때였다. 그는 공시지가 1억 미만 아파트를 역세권 입지에 투자를 해뒀으며, 이를 블로그에 올린 것을 난 알고 있다. 내가 일정 투자금이 생겼을 때 고민이 들었다. 공시지가 1억 미만 아파트 투자를 해보고 싶은데 지금 시기에 지각비를 내고 들어가도 되는지 문의를 했다. 내가 지각비를 내고 들어가려고 생각했던 시기는 이미 투자자들이 선진입해서 반년 정도가 지났기 때문에 매매가가 약 3,000~4,000만 원 오른 시기였다.

내 투자 시기는 투자금이 있을 때였기에 자금이 생겼을 때 매매가가 올라 있어서 망설이고 있었다. 그리고 아무리 공시지가 1억 미만으로 취득세가 1.1%라고 하지만 양도 시엔 주택 수로 잡혀 양도세를 내야 하기 때문이다. 공시지가 1억 미만 아파트는 20년 이상 된 아파트 20평대로 구축이었다.

"내가 지금 공시지가 1억 미만 아파트 투자를 해볼까 하는데 블로그에 올라와 있던 지역은 조금 많이 올랐고, 그 건너편 물건이 있는데 매매대금은 1억 5,000만 원 정도 있네요. 이 물건 매수를 하고 전세를 놓을 경우 전세가는 1억 2,000만 원 정도 받을 수 있다고 해요. 집수리 비용 1,000만 원 정도 들이면 갭 차익이 4,000만 원 정도 생길 것 같은데 지금 이 물건에 들어가는 것에 대해 어떻게 생각하는지요?"

이렇게 질문을 드렸다.

블로거님은 내 질문을 듣고 투자금에 대한 질문을 주었다.

"자금이 어느 정도이신가요?"

"5,000만 원 정도 됩니다."

"전 원래 공시지가 1억 미만 투자를 좋아하지 않습니다. 블로그에 올린 물건도 경험 삼아 해본 것입니다. 5,000만 원 정도의 자본금이라면 차라리 비규제지역 분양권을 매수하는 것이 더 안전하고 수익 면에서도 더 좋을 것입니다."

"거기 분양권 지역이 어디인가요?"

"거제도 A 분양권이 지금 분양가 4억입니다. 지금 잘 찾아보시면 A 분양권이 있을 겁니다."

"말씀 들어보니 저도 비규제지역 분양권 투자가 더 좋다고 생각되네요. 고민해볼게요. 감사합니다."

이렇게 전화를 끊고, 인터넷 폭풍검색을 했다.

비규제지역 내 부동산 2~3곳 연락처를 확인 후 매물이 어떤 상태로 나와 있는지를 확인했다. 분양가는 4억쯤이고 프리미엄은 선호하는 타입이면 1,500~2,000만 원 정도로 형성이 된 것을 알게 되었다.

난 물건 매수에 대한 의사를 공인중개사에게 전달하고 물건을 구해달라 했다. 다음날 오전 점심 때 공인중개사에게 전화를 걸었다. 해당 물건이 나와 있는지? 공인중개사는 적당한 물건이 탑층으로 제일 선호하는 동의 물건이 나와 있음을 알려주었다. 난 그 물건 브리핑을 받은 지 1시간 이내에 계약금을 보내고 계약을 체결했다.

블로그 이웃이 비규제지역 물건을 소개해준 지 만 1일도 안 되어 계약한 것이다. 초스피드 결정이 아닐 수 없다. 지역은 다른 지역으로 모든 것은 전화로 계약사항을 확인 후 진행해야만 하는 것이고, 난 이렇게 다른 지역 부동산 거래를 전화로 한 것이 처음이었다. '역시 내 실행력은 알아줘야 해~'라고 생각했다.

Point 다른 지역을 실제 가보지 않고 전화로 분양권을 계약할 때 핸드폰으로 계약자의 신분 등 서류를 확인한다. 계약금을 송금한다. 등기로 위임해서 진행한 명변 서류(매매 계약서 및 분양 계약서 등)를 받는다. 이후 중도금 대출 실행을 할 때 직접 방문해서 중도금 대출 실행을 한다.

난 지역 내 흐름은 어느 정도 파악하고 있지만 다른 지역 상황은 잘 모르는 상황에서 블로그 이웃의 소개로 다른 지역 분양권을 소유하게 되었다. 블로그 이웃이 타 지역 분양권을 소개했을 때 매수를 해도 괜찮겠다는 나름의 결심이 섰다. 규제지역 내 분양권은 프리미엄이 이미 상당히 올라 있었고, 난 투자금에 맞춰서 투자해야 하는 상황이기에 그렇게 한 것이다.

이 블로그 이웃을 통해 나는 타 지역 분양권도 소유해보고 원거리 분양권 매매도 전화상으로 진행해보았다. 바로 업그레이드 인연이란 이런 것이라고 생각을 한다. 내가 경험해보지 못한 일을 해보도록 용기를 주고, 전국 상황도 두루 살펴볼 수 있는 식견을 넓혀주는 이 말이다.

5

나는 이럴 때 부를 공부했다

투자 비수기라기보다는 투자자금이 없을 때는 공부를 하는 것이 더 정확하겠다. 일정 자본을 투자하면 투자 자본을 마련할 때까지 공백기가 있기 마련이다. 이때 흐름을 놓치지 않기 위해 공부를 해서 투자의 감을 잃지 않도록 한다.

첫째, 지난 과거에 내가 매수하고자 했던 부동산을 중심으로 시세 변화가 어떻게 되는지를 체크해본다. 이 방법이 좋은 이유는 매수를 과거에 했을 때 이후 시세 변화를 확인함으로써 투자자금 대비 수익금을 눈으로 확인할 수 있기 때문이다. 어플은 주로 호갱노노 앱을 활용한다. 최근 시세 변화, 매매가 대비 전세가 최근 실거래가 및 실거주를 해본 사람의 경험담 등이 올라와 있어 아주 유용한 자료이다.

둘째, 부동산 공부 모임에 참여한다. 스터디 모임은 4인으로 구성을 했으며, 주택 소유 여부는 다주택자 3명과 전세 거주자 1명이다. 서로의 관심 분야에 대해 의견을 나눠본 결과 재개발 중심으로 스터디를 해보면 좋겠다고 하여 재개발 구역 내 입주권이 나오는 물건에 대한 분석을 위주로 진행했다. 물론 다들 기존에 투자해본 경험이 있기에 부동산 관련 책을 읽고 의견을 나누는 것이 아닌 바로 재개발 구역 근처 부동산에서 현장 상황을 듣는 방식으로 진행을 했다.

첫 방문지는 계림1구역이었다. 횟수는 2주 1회 토요일 오후 1시로 정했고, 만남은 사업지를 바로 임장해보는 방식을 택했다. 계림1구역은 사업시행인가 전이었고, 시공사는 호반써밋으로 정해진 단지이다. 한 사람이 불참하여 3명이 함께 진행했다. 2명은 서울에서 광주로 일 때문에 내려와 있는 사람으로 이 지역의 재개발 물건을 분석하면 어차피 서울 재개발도 비슷하기에 흐름을 파악할 수 있어 스터디에 참여를 한다고 한다.

스터디 첫 구역 현황 및 임장 방법

계림동 주변 재개발 현황을 보면 재개발 완료 후 입주한 단지가 많고 현재 공사 진행 중인 계림2구가 있다. 계림4구역은 철거가 90% 이상이다. 근처에는 광주고등학교나 계림초가 바로 길 건너편에 있다. 임장은 차로 계림1구역을 한 바퀴 둘러보고 구역 내를 발로 걸어다니며 주택 상태, 부지 상태 등을 확인했다. 빈집이 많은지도 보고 구역 내 공용주차장 부지도 많음을 확인했다. 상가주택 및 병원, 모텔, 장례식장 등이 많음을 보았다.

부동산은 토요일로 2곳 정도 내방해보았다. 한 곳은 물건이 전혀 안 나오고 있다고 말을 했으며, 뭔가 바쁜 일이 있는 듯하고 물건 나온 것이 없으니 바로 나왔다. 두 번째 방문한 부동산에서 구역 내 물건 및 진행 상황, 조합원 숫자, 평면도 등을 자세히 볼 수 있었다. 물건은 2개 있다. 그런데 프리미엄이 5억 원 정도로 높았다.

이 재개발 물건의 좋은 점은 조합원 숫자가 190명이 안 되는 숫자이다. 그래서 구역 내 어떤 물건을 소유하더라도 대형 평형을 선택할 수 있는 자격이 되어 메리트가 있었다. 사업시행인가도 22년 초로 예상이 된다고 한다. 일반분양까지 남은 기간은 대략 3년 정도 보고 입주 시 6년 예상이 된다. 5억 프리미엄을 주고 진득하게 기다리면 되는 단지다. 그러나 지금 우리에겐 5억 + 주택가격(2억) 해서 합계 7억이 들어가는 물건을 살 수 없다.

스터디를 통해 스터디원들과 신뢰도 쌓고, 임장 때 방문한 부동산 소장님과의 친분도 쌓을 수 있다. 또 재개발 구역 내 물건의 프리미엄 및 매수할 때 필요 자금 등을 확인하는 일은 매우 중요하다. 내 투자 자금 흐름에 맞춰 언제 시점에 매수 가능한지를 알 수 있다.

난 뭐든 시작할 때가 가장 빠르다고 생각을 한다. 다시 말하면 내가 투자 자본이 있어 어떤 물건을 매수한 시점이 나에게는 가장 빠른 투자 시점이 되는 것이다. 물건의 가격은 과거에도 비싸고 미래에도 더 비싸기 때문에 현재가 가장 저렴하다고 생각이 된다.

셋째, 부동산 스터디 내용을 블로그에 포스팅한다. 임장 내용을 귀로 듣고 시세를 파악하는 것으로 끝나는 것이 아닌 기록을 한다. 네이버 블로그는 기록하기에 좋은 공간이다. 날짜별로 기록을 할 수 있고, 사진도 올릴 수 있고, 이웃과도 소통할 수가 있어 더욱 좋다. 이렇게 기록을 하면 머리에 한 번 더 새겨질 뿐만 아니라 글로 남겨야 하기에 정확한 정보를 올리려고 노력을 하게 된다. 이렇게 블로그 포스팅을 했더니 이웃님들이 다음 포스팅을 기다린다. 또한 스터디원으로 함께 참여하고 싶다고 댓글도 준다.

스터디원들과 추가 회원을 받을지 의견을 나눴다. 현재는 겨울로 별도 스터디 공간도 없고, 임장 중심 부동산 방문을 주로 하기에 우르르 몰려갈 수 없는 상황이다. 그래서 차후 따뜻한 봄이 되면 추가 회원을 모집할지를 결정해서 공지사항으로 올릴 예정이다. 함께 의견을 나누다 보면 더 좋은 정보가 되고, 따로따로 방문해서 그 내용을 공유한다면 시간을 절약할 수도 있기에 추가모집 예정이다.

넷째, 부동산 관련 자기계발 유튜브를 시청한다. 워낙 유명한 유튜버분들이라 이름 정도 소개한다. 신사임당, 렘군, 김작가 TV, 성정길 TV, 김미경 TV, K포커스 손성복, 투자캐스터, 월급쟁이 부자들 등을 본다.

다섯째, 재테크 책을 읽는다. 투자 초기에 내가 했던 방법이다. 매수를 먼저 하든 책으로 공부를 하든 책을 읽는 것은 내가 모르고 하는 투자에 대한 불안감을 감소시키고 알아가는 것이 늘어나게 만든다. 투자 초기에는 도서관에서 부동산 관련 책을 렌덤으로 읽었다면 투자를 몇 년간 한 후 지금은 유명 유튜버나 블로거분들이 출판한 책을 주로 읽고 있다. 내가 지금 이렇게 투자 경험을 글로 쓰는 것도 이분들의 영향을 받은 것이다.

나의 투자주기는 6개월이다. 투자 자본이 있을 때가 내 투자 적기이다. 투자금이 없는 비수기에는 앞에 소개한 방법으로 공부를 계속하고 있다.

다주택자 양도세가 중과되고 취득세, 보유세, 양도세 진퇴양난인 상황이 요즘 다주택자의 상황이다. 그래서 "똘똘한 한 채가 답이다."라고 말한다. 2주택자 취득세 8%, 3주택자 취득세 12%인 요즘 주택의 매수, 매도가 쉽지 않다. 매수할 때는 취득세 중과, 매도할 때는 양도세 중과가 되기 때문이다. 그래서 가급적 분양권 투자를 한다면 이러한 세금 중과를 내고도 수익이 남을 아주 똘똘한 아파트에 관심을 가져야 한다.

제6장

아파트 분양권 투자 노하우

1

2주택자, 분양권을 노려라

2주택자도 청약에 당첨된다.

2010년부터 나는 2주택자이다. 그래서 청약통장에 가입할 일도 없었다. 2013년 분양권을 처음 취득할 때도 미분양 난 물건을 그냥 고르고 계약을 해서 분양권을 얻은 것이다. 그래도 청약통장은 있어야 할 것 같아서 가입해두었다. 일단 가점제로 당첨은 어렵지만, 추첨제로는 당첨 가능성이 조금은 있으니 말이다. 나뿐만 아니라 가족들의 청약통장 가입도 권해줬다. 2016년 처음으로 청약통장을 활용하여 청약했는데 25평을 청약했고, 생애 처음 2주택자인 내가 청약에 당첨되었다는 문자를 받았다. 이유는 바로 청약 미달이었다. 당첨되어서 좋긴 한데 미분양 난 아파트 분양권을 남동생과 나 이렇게 25평 아파트 분양권을 2개 소유하기가 위험부담이 있어 계약을 포기했다. 남동생이 당첨된 뒷동은 그냥 포기를 했다. 그 대신 내가 당첨된 앞동의 좋은 동호수를 남동생에게 이관하여 계약을 진행했다. 건설사에서 미달이 되었기에 이렇게 당첨자의 상황을 고려하여 계약을 할 수 있도록 도움을 주어서 가능한 일이었다.

청약 미달이 되면 2주택자도 청약에 당첨될 수 있다. 그래서 다주택자도 청약통장이 필요하다. 내가 가입한 부동산 단톡방에서 노련한 투자 고수들 또한 모두 다주택이지만 청약통장은 가지고 있다. 처음이자 마지막으로 당첨된 이 아파트를 이후로 나는 다른 투자 물건의 자금이 부족하여 청약통장을 해지했다.

모든 평형을 넣으려고 1,000만 원 목돈을 넣어뒀는데 어차피 당첨도 잘 안 되고, 이미 2주택이니 필요 없다고 생각을 했다. 다주택자라 당첨이 안 되고, 그냥 프리미엄을 주고 구입하거나 미분양 분양권을 노리면 된다고 생각하고 가입 기간이 3년 이상이 된 청약통장을 해지해서 자금을 다른 데 사용했다.

여기서 적합한 조언

이후 청약통장 예치금으로 대출 신청이 된다는 것을 알게 되었다. 다주택자인 사람들은 아파트 청약 시 당첨확률이 낮다는 이유로 투자금 부족 시엔 청약통장을 쉽게 해지해버리곤 한다. 하지만 그건 너무 아까운 일이다. 청약통장 1순위 자격을 받으려면 가입 기간이 중요하기 때문이다. 조정대상지역에서는 가입 기간 2년이 되어야 하고, 세대주여야 청약을 넣을 수 있다. 자본이 없어서 청약통장을 지금이라도 해약해서 사용을 하려고 생각했다면 해지보다 청약통장예치금 대출을 하면 된다. 대략 90% 이상 대출이 가능하다고 한다. 다주택자도 대형 평수는 추첨제가 될 수 있는 부분이 있으니 꼭 청약통장을 유지하기를 바란다.

2017년 2주택자인 나는 관심지 아파트 분양권을 소유하고 싶어서 기웃기웃하고 있었던 차에 미분양 아파트 분양권 잡기에 성공했다. 이 단지는 광주광역시 남구 주월동에 있다. 주월동 골드클래스를 분양하던 때는 2017년 겨울이었고, 골드클래스 건설사는 내가 2016년에 청약 미달로 25평에 당첨된 아파트이기 때문에 잘 알고 있었다. 주월동 골드클래스는 광주에서 교육의 중심도시로 유명한 남구 봉선동 옆 주월동이며, 2017년 봉선 주월 어반시티라는 이름으로 분양 홍보를 했지만 아쉽게도 미분양이 되었다. 미분양된 이유는 너무 높은 분양가였다.

비슷한 시점에 분양한 동구 그랜드센트럴과 연제동 현대힐스테이트가 3억 초반에 분양했지만, 골드클래스는 4억 3,280만 원에 분양해서 약 1억이 차이가 났다. 이때 너무 높은 분양가로 이 골드클래스는 비싼 아파트로 사람들의 입에 많이 오르내렸다. 이렇게 높은 분양가 덕에 미분양이 되어 내가 미분양 아파트 분양권 잡기에 성공할 수 있었다.

2

미처 알지 못했던 분양권의 진실

광주 남구 봉선동 바로 옆에 있는 주월동은 교육의 중심지였다. 2017년에 분양을 해서 2021년 4월에 입주를 하는 골드클래스에 관심이 간 이유는 2021년에는 광주광역시에서 입주하는 아파트 물량이 적었고, 남구에 입지 좋은 곳에 위치를 하니 높은 분양가로 분양 당시에는 미분양이 났지만 입주 시점에는 입지가 좋아 좋은 가치로 평가받을 수 있을 것으로 기대를 했다. 또한 가까운 곳에 백운광장이 있으며, 2024년 지하철 2호선이 완공될 예정으로 역세권 아파트였기에 더욱 관심이 갔다. 나는 주월 골드클래스가 미분양 났다는 소문을 들었고, 모델하우스 현장에서 2017년 12월 토요일 오후 3시에 미분양 물건을 선착순 뽑기로 진행한다는 문자를 받았다. 분명 관심이 가는 아파트였지만, 모델하우스에서 온 문자를 보고서도 잠시 고민을 했다. 주변 시세보다 분양가가 너무 높았기 때문이다. 미분양 아파트 선착

순 뽑기를 진행하는 3시, 나는 모델하우스에 가지 않았다. 째깍째깍 시간이 흘러갔다. 하지만, 그냥 지나가는 것이 너무 아쉬웠나 보다. 그래서 현장 분위기 구경이라도 해봐야겠다고 생각하고 혼자서 오후 4시에 갔다.

주차장에 주차하고 모델하우스 입구에 막 들어서는데 나에게 다가오는 한 여성분이 있었다. 키는 나보다 컸으며, 조금 상기된 얼굴을 한 그 여성분의 얼굴을 물끄러미 바라보았다. '이 여자는 뭐하는 여자인데 나에게 이렇게 조용히 다가오나?' 하는 생각이 들었다. 내게 온 여자는 다른 사람이 보이지 않는 곳으로 나를 데려가더니 손을 내밀어 본인이 뽑은 동호수를 보여주었다.

"이곳은 층이 높으니 프리미엄이 1,000만 원은 넘게 올라갈 거예요. 이 분양권 사실래요? 제 계좌에 200만 원만 이체해주시고, 이체 확인이 되면 이 표를 드릴게요. 그럼 사모님 명의로 분양 계약서만 작성하시면 돼요."

나는 어리둥절했다. 난 그냥 분위기만 느끼려고 왔는데 이런 상황이 벌어지니 당혹하지 않을 수 없었다. 내 옆에는 이런 것을 안내해줄 지인도, 아는 부동산공인중개사가 있는 것도 아닌 나 혼자 내방을 했으니 검증해줄 이가 옆에 없었기 때문에 더욱 난감했다. 이런 생각을 하면서 그 종이쪽지를 보았다. 동호수는 바로 1동 21층 A타입이었다. 물끄러미 동호수가 적힌 종이쪽지를 보고 여러 생각이 스쳐 지나갔다. 나는 아파트 동호수를 보는 법을 알고 있고 단지 배치도를 알고 있었다.

'동도 단지 안쪽으로 그나마 조용하겠고, 21층이면 고층이니 좋네. 드레스룸이 잘 된 가장 선호하는 타입인 A형이군. 2호는 1호에 비해 덜 선호한다. 2호는 옆동 거실뷰가 겹치긴 하겠지만, 그래도 층이 높으니 좋아 보이는군! 그런데 과연 이 여성분을 믿을 수 있을까? 이 쪽지에 적힌 동호수가 진짜일까?' 나는 아무 말 없이 속으로 생각했다.

짧은 순간이지만 여러 가지를 생각 후 난 과감히 공인 인증키를 차에서 가져올 테니 기다리라고 말을 하고 바로 모델하우스를 나왔다. 이내 차에서 공인 인증키를 가지고 모델하우스에 다시 와서 그 여성분 통장으로 200만 원을 계좌이체를 하려던 참이었다. 갑자기 그 여성분이 "난 부동산 공인중개사입니다. 이 분양권의 중개수수료 80만 원 더해서 280만 원 이체해주세요."라고 말했다. 200만 원을 이체하려고 마음을 먹었는데 갑자기 80만 원을 더 요구해서 기분이 나빴다. 하지만 한마디 태클도 없이 이내 알았다고 말을 하고 그 자리에서 280만 원을 그 여성분 계좌로 보냈다. 그리고 마치 내가 뽑은 것처럼 동호수 종이쪽지를 가지고 2층 분양사무실에서 분양 계약서를 작성했고 바로 계약금을 이체했다.

분양 계약서 어디에도 280만 원 프리미엄을 주고 매수한 이력이 없는 최초 계약자가 된 것이다. 이런 번갯불에 콩 볶는 일이 가능한 이유는 무엇일까 생각해본다.

첫째는 계약금(마중물)을 가지고 있고, 둘째는 미분양 난 단지에 관심이 있었고, 이미 단지 배치도 등을 잘 숙지하고 있었다. 셋째는 과감한 실행력이다. 모르는 여성분이 제시한 쪽지에 적힌 동호수표를 믿고 현장에서 계좌이체를 한 실행력 말이다.

3

분양권 살 때 기준에 맞게 투자하라

5억 한도 1인 가구 주택도시보증공사(HUG) 아파트 중도금 대출

아파트 분양권은 가구당 2건 가능하다. 5인 가구인 우리 가정도 분양권 2개를 매입할 수 있다. 미혼으로 1인 가구지만 1인 단독세대(주민등록상 1인 가구)를 구성하고 있는 오빠도 분양권 2개 소유가 가능하다. 나는 1인 가구는 보증 한도 때문에 분양권을 1개만 소유할 수 있는 줄 알았다.

현재 우리나라에서는 대표 금융공기업은 2가지로 주택도시보증공사(HUG)와 한국금융공사(HF)이다. 금융권에서는 분양자들에게 쉽게 자금을 제공하지 못하다 보니 보증을 해주는 곳을 알아보는데, 그 때 도움을 주는 곳이 주택보증공사인 HUG와 한국금융공사인 HF이다. 참고로 주택도시보증공사(HUG) 보증 한도는 1인 5억, 부부 세대는 10억이고, 한국금융공사(HF) 보증 한도는 3억이다.

결혼한 부부가 분양권을 2개 취득하는 것에 대하여 분양권 중도금 대출 보증 한도가 10억을 초과할 경우는 내가 사는 광역시에서는 거의 없다. 요즘 분양하는 분양가는 평당가 2,000만 원 미만으로 6억 아래로 분양을 하고 있으니 말이다. 그러나, 1인 가구는 가구당 2개 분양권 소유 시 분양권 중도금 대출 보증 한도 5억을 초과한 경우가 있을 수 있으니 꼭 보증 한도금액을 체크해보아야 한다.

보증 한도 계산은 이렇게!

'1인 가구도 2개의 분양권을 소유할 수 있다.'

34평 아파트 분양가가 6억인 아파트가 있다. 이때 중도금 대출은 6억에 60% 하니 3억 6,000만 원 전체를 보증금액으로 잡는 줄 알았다. 1개의 분양권 중도금이 3억 6,000만 원이니 2개를 소유하면 7억 2,000만 원이 된다. 그러면 1인 가구 보증 한도 5억이 초과하여 2개의 분양권을 소유할 수 없다고 생각했다.

분양가 및 중도금 60%

A아파트 30평 저층 분양가는 3억 3,500만 원이다.

분양가의 60% 중도금은 2억 100만 원이다.

B아파트 34평 기준층 분양가는 5억 4,000만 원이다.

분양가의 60% 중도금은 3억 2,400만 원이다.

A와 B의 중도금 60% 합계 : 5억 2,500만 원이다.

1인 가구 HUG 보증 한도 계산 : 중도금 60% * 80%

A아파트 중도금 60%인 2억 100만 원 * 80%

= 1억 6,080만 원

B아파트 중도금 60%인 3억 2,400만 원 * 80%

= 2억 5,920만 원

A분양권과 B분양권 보증 한도 합계 4억 2,000만 원으로 1인 가구 2개 분양권 허그 보증 한도 5억 이내로 가능하다.

보증 한도가 중도금의 80%가 아닐 수 있으니 중도 대출 실행 은행에 꼭 확인이 필요하며, 보증 한도 초과 시 초과한 만큼 현금으로 중도금을 낼 수도 있다.

꿀팁 ① 1인 가구 5억, 2인 가구 10억 한도 아파트 중도금 대출 주택도시보증공사(HUG) 꼭 체크하세요!

분양권을 살 때 보유 기준을 설정하는 것이 좋다. 나는 2016년 이후 지금까지 분양권 2개를 소유하고 있다. 5인 가구로 가구당 분양권 2개까지 소유할 수 있다. 하나의 분양권을 등기를 치면 나는 또 하나의 분양권을 샀다. 이것이 가능한 이유는 조정지역이 지정되기 전이라 가능했고, 분양권 전매 기간도 그때는 6개월이었다. 즉 분양권 전매금지 기간 6개월이 지나면 거래할 수 있었기 때문에 2개 소유할 수 있었다. 조정대상지역 내 분양권은 당첨자가 등기까지 쳐야 하는 전매금지다.

꿀팁 ② 주택법 시행령 분양권 전매금지 기간은 소유권 이전 등기일까지, 다만 그 기간이 3년을 초과할 때 3년으로 한다.

간혹 공사 기간이 3년 이상인 단지가 있다. 그러면 전매금지 기간은 최장 3년이기 때문에 공사 기간이 3년 4개월인 단지는 마지막 4개월간 전매거래가 가능하다. 보통 주상복합 아파트가 3년 이상인 경우가 많다. 예를 들어, 광주광역시 힐스테이트 첨단, 센트럴 운암모아엘가트레뷰 아파트가 그 예이다. 2019년 12월 광주광역시가 조정대상지역으로 묶이니까 나는 비조정지역 내 분양권을 매수해서 현재까지 2개의 분양권을 소유하고 있어야 한다.

분양권에 관한 질문을 하나 던져보자면, 분양권 투자를 단기로 투자할 것인가? 장기로 투자할 것인가?

자본금이 없어 등기칠 여력이 없다면 분양권 매도를 고려해볼 수 있겠으나 내 경험상 분양권 투자는 장기 투자가 답이다. 나는 분양권 단기 투자 경험이 3건이 있었다. 2013년 투자를 해서 6개월 후 프리미엄 1,000만 원 받고 매도한 A단지 분양권은 분양가 대비 현재는 5억이 올라 있다. 또 하나, 분양권 단기 투자 B단지는 투자 기간 3개월에 프리미엄 1,600만 원을 받고 매도했지만, 입주 후 분양가 대비 대략 3억 정도 상승했다. 또 다른 사례로 C아파트 분양권 또한 소유 기간 4개월 후 프리미엄 2,200만 원을 받고 매도했지만, 입주 후 2년이 지난 지금 분양가 대비 3억이 올라 있다. 즉 단기 투자를 해서 프리미엄 2~3천만 원 수익보다는 가급적 등기를 해서 양도세를 납부하더라도 보유 기간을 더 갖는다면 수익은 더 크게 돌아올 것이다.

이러한 예는 나뿐만이 아니다. 내가 아는 지인은 여수에 분양권 투자를 했다. 지인 3~4명이 했고, 다들 프리미엄을 받고 매도를 했지만 한 지인의 분양권은 뒷동이고 층이 낮았다. 그 때문에 매도가 안 되어서 어쩔 수 없이 전세를 받고 어렵게 등기했고, 그 지인의 아파트는 현재 분양가 대비 3~4억이 올라 있다. 바로 여수 웅천 포레나 2단지다. 이 지인은 목포의 단지에서도 똑같은 경험을 했다.

하지만 분양권이라고 모두 다 수익이 나는 것은 아니다. 분양권을 잘못 샀던 지인들은 입주 시기에 마피(마이너스 프리미엄)가 나서 -500만 원, -1,000만 원 손해를 보고라도 손절을 했던 아파트가 있다. 이때 매도를 한 지인들은 적은 손해금액으로 빠져나올 수 있으니 다행이라고 생각했을 것이다.

하지만 앞서 이야기한 여수 웅천 아파트 등기를 했던 지인은 이 목포 아파트도 마피에 분양권을 팔지 못하고 어렵게 자기 자본 1억 원에 전세금 2억 원을 들여 등기를 했다. 입주 시점에 마이너스피로 고전을 면치 못하던 목포 아파트 등기 후 1년이 지난 지금은, 분양가 대비 1억 이상이 올라 있다. 단지 내 조경이 좋고 세대가 많고 입주 후 입주민 만족도가 올라가면서 이런 일이 생긴 것이다. 다른 지인들은 마이너스피를 주고 매도할 때 매도가 안 되어 어렵사리 등기를 쳤지만, 이 지인은 지금 회심의 미소를 짓고 있다. '그래, 내가 그때 매도를 안 한 것이 오히려 전화위복이 되어주었네.'라고 생각하면서 말이다.

2013년 처음 분양권 단기 매매와 이후 2건의 분양권 단기 매매와 지인들의 사례를 보면서 부동산은 장기 투자가 답이라는 결론을 내렸다. 등기 후 일정 기간 지나면 매가 상승을 지켜본 이후 난 장기 투자 포지션으로 바꿨다. 사실 이렇게 단기 투자에서 장기 투자로 갈 수밖에 없다. 과거엔 전매금지 기간이 6개월이고, 이후에는 분양권의 사고파는 것이 가능했으나, 현재 내가 살고 있는 지역의 분양권은 이제 입주 시까지 전매금지이기 때문이다. 입주를 앞둔 여러 단지의 분양권 거래가 가능한 단지가 있다. 그러나 이미 프리미엄이 최소 3억 이상 올라 있기 때문에 쉽게 매수를 못하는 이유가 또 있기도 했다.

> **꿀팁** 분양권 단기 투자보다는 장기 투자를 할 때 유의할 점은 입주 시점에 잔금을 치를 여력이 있고, 최소한 2년 보유해서 1주택자는 비과세, 2주택자는 일반과세로 매도하는 것이 좋다.

4

프리미엄 아파트 분양권이 뭐길래

다주택자 양도세가 중과되고 취득세, 보유세, 양도세 진퇴양난인 상황이 요즘 다주택자의 상황이다. 그래서 "똘똘한 한 채가 답이다."라고 말한다. 2주택자 취득세 8%, 3주택자 취득세 12%인 요즘 주택의 매수, 매도가 쉽지 않다. 매수할 때는 취득세 중과, 매도할 때는 양도세 중과가 되기 때문이다. 그래서 가급적 분양권 투자를 한다면 이러한 세금 중과를 내고도 수익이 남을 아주 똘똘한 아파트에 관심을 가져야 한다.

누가 봐도 살고 싶고 가지고 싶은 대단지 명품 프리미엄을 느낄 수 있는 단지는 바라보는 사람이 많기 때문에 기대수익도 높다.

프리미엄이 높은 아파트 분양권은 명품 브랜드, 1,000세대 전후 세대 수, 입지, 학군 등을 보면 된다. 그리고 그 지역의 사람들은 어떤 브랜드를 선호하는지도 체크해봐야 한다.

명품 브랜드는 1군 건설사면 된다. 예로 현대아이파크, 대림e편한세상, 현대힐스테이트, 포스코 등이다. 세대는 대략 1,000세대 전후면 좋다. 입지는 역세권이 좋고 지하철 도보 5분 거리가 좋다. 학군은 초등학교를 품은 아파트(일명, 초품아)와 학원가가 잘 되어 있는 곳이면 안전하다.

서울 아파트의 한강뷰는 영구조망인 것처럼 지방에서도 강변뷰는 최고의 아파트로 본다. 예로 광주 첨단 힐스테이트는 근처 초등학교가 없다. 그러나 영구조망인 영산강 강변뷰와 대단지 브랜드, 입지 등이 조화를 이뤄 그 프리미엄이 상당했으며, 입주 후에도 쭉쭉 치고 올라가고 있다.

투자를 잘하는 부동산공인중개사의 조언을 듣고 싶었다. 내가 똘똘한 아파트 분양권을 사려면 어떤 결정을 해야 하는지 말이다. 관심 갖는 단지는 비슷한 시기에 분양했고, 이미 프리미엄이 높게 형성되어 거래가 되고 있었다. 둘 다 광주광역시 서구에 위치해 있다. 하나는 재건축 아파트인 포스코 분양권과 다른 하나는 주상복합으로 상업지역에 들어서는 서구의 아이파크 분양권이다.

C공인중개사는 이렇게 말을 했다.

"서구 A아파트는 고속버스터미널 바로 옆과 신세계이마트, 백화점 등 가까운 곳에 편의시설이 있는 슬세권(슬리퍼를 신고 나가는 거리에 편의시설이 있는 곳)이고, 또 주변에 의료기관이 많이 있어서 이 아파트를 받아줄 수요층이 탄탄해 보여요. 또 근처에 신축 중인 아파트 단지들이 많아 돈이 이쪽으로 몰릴 것 같아요."

C공인중개사의 투자 조언을 듣고 난 결심을 했고 이내 실행했다. 바로 내가 소유해본 분양권 중에서 가장 최고로 똘똘한 분양권으로 매수를 한 것이다. "나 이 아파트 살아." 하면 누가 봐도 나를 부러워할 정도의 매력적인 아파트를 소유하게 되었다. 서울에서라면 더욱 좋겠지만 내가 살고 있는 곳에서 탑 순위 안에 들어가는 그런 단지의 분양권을 소유하게 된 것이다.

6개월 전매 기간이 막 지난 순간 매수를 해서 낮은 프리미엄을 주고 매수한 이 분양권은 딱 하나 마음에 걸린 것이 있었다. 30층 이상 고층 중에서 6층을 매수한 것이 단점이었다.

이후 나는 고민이 되었다. 다른 건 다 좋았지만, 층이 너무 아쉬웠다. 내가 이제껏 투자한 층은 모두 높은 곳이었다. 나의 투자 기준은 RR(로얄동 로얄층)이어야 하는데 하필 매수한 층이 6층이었다. 그 점이 마음에 걸린 나는 한 달 뒤, 이 6층 분양권을 단기 매도했다.

그런데 팔고 난 순간 뭔가 쎄~한 느낌이 들었다. 이팔못사(이제 팔면 못 사)의 압박감이 몰려왔다. 소유한 순간 느꼈던 기분은 최고였으나, 분양권을 팔고 난 이후 그 씁쓸함은 정말 이루 말할 수 없었다.

있다가 없는 이 허전한 느낌, 받았다가 빼앗긴 느낌이랄까? 그 순간 드는 느낌은 이 아파트 분양권을 소유하지 못한다면 두고두고 후회할 것 같은 생각이 들었다. 짧은 생각으로 단기 매도를 한 후 3개월 뒤 나는 같은 아파트의 로열동 로열층(일명 RR)을 높은 프리미엄을 주고 다시 매수했다. 그리고 이번에는 내 충동적인 결정으로 쉽게 팔지 못하도록 남편과 공동명의로 진행을 했다. 보수적인 남편의 공동결정이라는 안전핀을 걸어두었다. 이후 나는 처음 분양권을 샀을 때의 그 기분을 되찾았다. 처음의 분양권 매수할 당시의 결정타였던, 대단지, 명품 브랜드, 근거리 편의시설과 의료기관 밀집 등에 이어, RR이라는 덤을 더 얹어서 말이다.

전세자금 없이 내 자본으로 잔금을 치를 수 있다면 전세금은 좀 높게 해도 좋다. 하지만 전세자금으로 잔금을 치른다면 주변 시세보다 2~3천은 낮게 매물을 내놓아야 거래가 된다. 아무리 층이 좋고, 타입이 좋고, 방향이 남향이라고 전세금을 높이 받으려고 하면 거래가 안 될 수 있다. 전세금을 많이 받는 것보다 더 중요한 것은 매매금액을 제때 내는 것이다. 전세자금 없이 잔금을 납부해본 사람이라면 그 어려움을 잘 알 것이다.

제7장

레버리지 투자
전세 세입자와 윈윈

1

가장 중요한 사람과의 관계

에어컨 배관 문제 시 세입자와 소통법

2008년 입주한 아파트에 2년 실거주 후 직장과의 거리가 너무 멀어 2010년 이사를 했다. 직장과의 출퇴근 거리는 왕복 2시간이었다. 3살, 5살 두 아들을 데리고 출퇴근을 하는 길은 차 안이 전쟁터였다. 이때 임신 7개월로 셋째도 있었다. 지금 생각해도 무거운 몸으로 아들 둘을 데리고 자가로 출근하는 길이 너무 힘들었다. 그래서 2년 실거주 후 직장 근처로 이사를 한 것이다. 이때부터 임대물건 A에 전세 세입자를 받았다. 만 11년째이다. 11년 동안 임차인은 3번 바뀌었다. 임대물건 A에 임차인과의 관계에서 매끄럽지 못한 적은 거의 없었다.

전세 세입자에게 전화를 받았던 여름이 생각난다.

근무하고 있는데 핸드폰으로 연락이 왔다. 전세 세입자 이름이 핸드폰에 떴다. '무슨 일로 전화를 하셨을까?' 이렇게 생각하며 얼른 전화를 받았다.

"여보세요?"

"네. A아파트 전세 세입자입니다."

"안녕하세요!"

"제가 에어컨을 설치하려고 업자를 불러 배관설치를 하는데 거실 바닥에 있는 배관이 막혀 배관이 안 들어갑니다. 설치업자가 벽을 뚫자고 하는데 벽을 뚫어도 될까요?"

"그래요. 배관이 막혔나 보네요. 저희는 에어컨이 없이 살아서 몰랐네요. 더운 여름이고 배관 설치를 하셔야 하니 그냥 벽 뚫고 설치하세요."

"네. 고맙습니다."

나는 이렇게 동의를 해줬다. 그렇지만 내 마음이 에어컨 배관만큼 뻥 뚫리는 것 같았다. 배관이 바닥에 멀쩡히 있는데 벽을 뚫어야 한다니 정말 아까웠다. 하지만 여름은 에어컨 없이 거주하기엔 너무 더웠다. 내 아파트에서 세들어 살고 있는 임차인이 불편해하는 것은 싫었기에 전화 한 통화 받자마자 동의를 그 자리에서 해준 것이다.

공용욕실 누수 문제 시 세입자와 소통법

두 번째 세입자로 바뀌었을 때 또 전화가 왔다.

거실에 있는 공용욕실을 사용했는데 아랫집에서 물이 샌다는 연락이었다. 이 전화를 받았을 때도 수리를 해드릴 테니 연락을 주라고 했다. 욕실 누수는 바로 수리를 해주는 것이 맞다. 세입자와 아랫집 모두 불편한 상황이다. 수리업자를 부르고 날짜를 맞추고 집을 보여줘야 하고, 근로 중이라면 시간을 내서 수리해야 하는 세입자이다. 얼마나 불편하실까 하고 생각했다.

그런데 세입자분은 그냥 공용욕실 욕조를 전혀 사용하지 않고 지내서 별도 수리업자를 부르지 않았다고 연락이 왔다. 욕조를 안 쓰니 아랫집으로 물도 새지 않았다고 한다.

세 번째 임차인은 2018년 6월 새로 입주한 현재의 임차인이다. 나는 세입자 관리를 모두 내가 한다. 세 번째 임차인이 들어올 때 두 번째 세입자와의 통화내용으로 나는 미리 욕실의 문제를 알고 있었다. 그러나 몇 년간 사용하지 않아 누수가 없는 상태여서 수리 없이 세 번째 세입자를 받았다. 그런데 세 번째 세입자에게서 거실 욕실 문제로 전화가 왔다.

“네. 그렇군요. 지난번 세입자분이 말씀하셨는데 욕실을 몇 년간 안 써서 별문제 없었는데…. 수리비를 지원해드릴 테니 번거롭지만, 수리하시고 영수증을 보내주시면 바로 수리업체로 입금 처리해드릴

게요."라고 하고 전화를 끊었다. 전화를 끊고 마음이 불편했다. 욕실 누수를 손보고 세입자를 받을 것을 그랬나 하고 말이다. 그런데 다행히도 단순 수리만 하면 되는 간단한 것으로 수리비도 10만 원 이내로 나왔다. 정말 간단하게 수리가 되어서 다행이었다.

보일러 교체 시 세입자와 소통법

"부엌 베란다에 있는 보일러 소리가 너무 크게 들립니다."

수리업자를 불러 점검하고 에어도 빼고 했는데도 계속 크게 들린다는 세입자의 전화를 받았다.

"아~ 그래요. 보일러가요? 보일러는 정말 중요한 문제인데요. 불편하시겠어요."

"일단 좀 더 써보고 그래도 심하면 다시 연락드리겠습니다."

"네. 일단 알겠습니다."

두어 달 뒤 전화가 또 왔다. 그래서 보일러 교체에 동의했고 "업체를 불러 교체하시고 견적서 보내주시면 바로 업체로 비용을 지불하겠습니다."라고 하고 전화를 끊었다.

점검도 하고 에어도 빼보고 했는데도 소리가 크게 들려 거실 및 주방 사용 시 소음이 너무 크다면 보일러 교체 시기가 되었나 보다 생각하고 교체하도록 동의를 했다. 여름이면 그래도 괜찮겠지만 겨울에 보일러가 고장이라도 나면 어린 애들이 있는 세입자가 고생할 것이 뻔하다. 이런 것은 바로 교체를 해줘야 한다고 생각을 해서 그렇게 한 것이다.

고마운 것은 소음 때문에 많이 불편했을 텐데 세입자분도 집주인을 배려해서 조금 더 사용해본 후 교체를 요구해줘서 감사할 따름이었다.

전세 계약 연장 시 세입자와 소통법

세 번째 세입자와 2020년 6월 전세 2년 만기가 되어 전세 상한 5% 인상을 하고 계약 연장을 했다. 진행장소는 A물건 근처 커피숍에서 진행했다. 커피를 마시면서 이런저런 이야기를 함께 나눴다. 사실 세입자와는 계약 때 만난 것이 다이다. 그리고 자잘한 문제가 발생 시 전화통화를 하고 지냈다. 전세 계약 연장 때 부동산을 통하지 않고 기존 전세 계약서의 특약란에 추가 내용만 수기로 기재하고 인감도장을 날인하고 계약을 연장했다. 5% 전세보증금 인상액은 1,250만 원이었으나 그냥 1,000만 원만 올려서 받았다. 임차인은 1,250만 원 인상할 금액으로 알고 오셨다고 한다. 그런데 내가 1,000만 원만 올려 받는다고 하니 의아해했다. 그래서 2022년 6월까지 임대 기간이다.

2021년 임대차 3법에 따라 현재 거주 중인 임차인은 전세 계약 갱신권을 청구할 수 있다. 우리는 입주 계획이 없으므로 전세를 계속 내놓아야 하니 2021년 12월 세입자와 통화를 했다. 전세 계약 연장 의사나 이사 계획이 있는지 문의를 해보니 별도로 없다고 한다. 그러면 5% 전세보증금 인상하고 지난번처럼 특약사항에 기재로 재계약을 하자고 말하고 전화를 끊었다.

임차인은 근처 재개발 물건을 가지고 있으므로 입주 시까지 거주를 원하시니 계약 갱신권을 사용한 것이다. 임대물건 A를 11년간 임차인 3번이 바뀌면서 해본 경험에 의하면 세입자분들 모두 모두 좋으시고 완만한 관계를 잘 유지를 하면서 지냈다. 나는 간혹 안부 인사차 별도로 불편한 사항은 없는지 물어도 보고, 복도 많이 받으시라고 한두 번 세입자와 통화를 한다. 세입자와 이렇게 윈윈하는 것은 우리 모두 평범한 사람이고, 사람과의 관계가 중요하기에 어떤 불편사항이 있을 시 바로바로 해결해드리는 것이 내 마음에도 좋다.

Point 임대인 11년 차 마음가짐

① 임대인으로서 최선을 다한다.
② 임차인이 내 집에 거주하는 동안 만족할 만한 관계를 유지한다.
③ 모든 것은 마음먹기에 달렸다.
④ 행복한 집으로 기억되면 좋겠다.
⑤ 최대한 맞춰준다.
⑥ 나중에 양도세를 위해 추가서류(보일러 교체영수증 등)를 꼭 챙겨둔다.

2

전세 잘 들어오는 노하우

구축 아파트 전세 놓기 노하우

매물을 매수해서 전세로 잔금을 치를 때 아찔한 경험이 있어 이 글을 적는다. 투자자는 적게는 몇 백만 원에서, 많게는 몇 억까지의 자기 자본으로 물건을 매수한다. 나의 경우는 5,000만 원으로 아파트 한 채를 매수하려고 했으나 잔금날까지 전세 세입자를 받지 못해 취등록세 포함 4억 2,000만 원이 들어간 매물을 예로 작성해본다.

투자자가 많이 몰려 물건을 어렵게 매수하고 계약금을 보내놓은 상태에서 전세를 내놓았다. 그러나, 투자자가 많이 몰려 전세 물량이 쌓여 전세가 나가질 않았다. 기간은 대략 4개월 정도이다. 매도자에게 잔금을 지불하는 기간은 2달이었다. 그러나 전세가 받아지지 않아 결국 5,000만 원으로 아파트 한 채를 장만하려 했다가 거금이 들어간 경우를 경험했다. 다행히도 내가 내놓은 다른 물건의 중도금이 많이 들어와서 잔금을 치러서 그 난관을 헤쳐나갈 수 있었으나 지금 생각해도 다시는 경험하고 싶지 않은 기억이다.

전세 세입자를 받고 전세자금으로 매도자에게 매매 잔금을 내어주려고 했던 나의 계획은 내 돈으로 아파트 매매금액을 내어주고도 공실 경험을 2달간 경험해봤다. 그래도 그 물건이 밉지 않은 것은 물건을 처음 봤을 때, 내 마음에 쏙 들었기 때문이다. 아파트라는 것이 내 눈에도 예뻐 보여야 세입자도 잘 받아지지 않겠는가? 그랬다. 내 눈에 정말 예쁜 물건이었다. 3층의 저층이었음에도 말이다. 그리고 나는 그 경험으로 인해 전세 잘 놓는 노하우를 터득했다. 모든 것은 배움이다. 아찔했던 나의 경험을 살려 독자들에게 전세 잘 놓는 방법을 공유해본다.

청소는 기본이다.

집을 비워놓은 상태에서 집은 청결해야 한다. 다행히도 기존 집주인이 집을 깨끗하게 사용해놓은 상태였다. 벽지 부분에 애들 그림판이 붙어 있었다. 나는 그것을 깨끗하게 제거하지 못해 벽지가 찢겨 나갔다. 그래서 평소에 알고 지내는 인테리어 사장님께 사진을 찍어보냈다. 기본 벽지가 깨끗했기에 찢겨 나간 벽지 부분만 새로 도배를 진행했다. 그리고 사소한 구석구석의 보수 부분들을 모두 깨끗하게 보수하고, 세입자가 들어올 때 입주 청소도 해주겠다고 했다.

내가 아는 부동산 소장님은 현관에 아로마 향초를 놓아둔다고 했다. 집에 들어왔을 때 퀴퀴한 냄새가 나지 않게 하는 것이 중요하다. 즉 코와 눈이 즐거워야 한다. 나는 공실 2달 기간에 주 1회 내방을 해서 집의 상태를 확인하곤 했다. 냄새도 체크하고 이상은 없는지 수시로 확인했다. 창문을 오래 닫아두면 공기가 신선하지 않기에 내방할 때마다 환기를 시켰다.

여러 부동산에 매물 내놓기

처음 한 달은 매물의 매수를 도와준 부동산공인중개소 1곳에만 매물을 내놓았다. 단독물건이어야지 거래가 잘 될 줄 알았다. 그러나 투자자가 몰려 전세매물이 쌓이니 공실이 날 수밖에 없었는데 내가 너무 신뢰감만 믿고 대처를 안일하게 한 것이 잘못이었다.

처음 2주간 전세 세입자가 받아지지 않는다면 물건을 최대한 많이 내놓아야 한다. 이 과정은 정말 번거로웠다. 물건의 동호수를 알려주고 손님이 올 때 비밀번호를 알려드릴 테니, 전세를 놓아달라고 20~30곳 부동산에 전화해야만 한다. 아니 내가 들은 부동산 기초강의에서 강사님은 100곳에 내놓아야 한다고 했다. 그런데 15곳 이상 내놓기도 정말 어려웠다.

잔금을 치를 여력이 없다면 100곳에도 내놓아야 한다. 이것은 정말 눈물겨운 경험일 것 같다. 그래도 나는 이미 잔금을 치렀기에, 15곳 정도의 부동산에만 물건을 내놓았다.

부동산 사장님들에게 정기적으로 물건 상기시키기

내가 물건을 내놓은 부동산 사장님들에게 안부 인사를 주 2회 정도 했다. 이유는 내 전세 물건을 상기시키고 제일 먼저 떠오르게 하는 이미지 연상법이다. 주로 카톡으로 인사를 건네고 전세를 잘 받아달라고 보냈으며 감사 인사를 건넸다. 우리는 모두 사람이기에 오고 가는 인사 속에 정이 드는 것이다. 사실 이렇게 문자를 보내는 것은 노하우다. "내 물건의 전세를 가장 먼저 받아주세요."라고 상대방에게 세뇌를 시키는 것이다. 그러면 부동산공인중개사 사장님마다 다른 반응이 온다. "왜 전세가 안 나갈까요?"라고 함께 안타까워하는 소장님과 형식적인 답변인 "네."라는 답장이 온다. 그럴 때면 안타깝기도 하지만 우린 서로 각자의 일을 하는 것이다. 그래도 이렇게라도 하는 것이 내 마음에도 안심이 되었다.

애완동물 키우는 세입자도 받기

잔금까지 기간이 2달 남아 있을 때는 나는 강아지 키우는 세입자는 절대 안 된다고 했다. 내가 애완견을 집에서 키우지 않기에 그랬다. 그런데 나중에 내 집에 들어온 세입자는 애완견을 키우는 분이었다. 처음 부동산공인중개사 소장님도 강아지 손님은 본인 선에서 컷했다고 한다. 그런데 공실이 2달간 생기면서 강아지 키우는 세입자도 받게 된 것이다. 나는 이에 대해 한 번 더 조언을 받아보았다.

지역 내에서 부동산 블로거로 유명한 부동산 고수에게 질문을 해보았다. "이러이러해서 지금 공실이 났는데 세입자와 강아지가 함께 들어온다고 하는데 고수님은 강아지 키우는 세입자 받아본 적이 있나요?"라고 댓글을 남기니, 바로 답글이 올라왔다.

"내가 실제 거주하지 않을 물건인데 애완견이 들어오는 것이 집값에 영향이 있을까요?"라는 답변이었다. 이 말을 듣는 순간 괜찮겠다 싶었다. 왜냐면 나보다 투자 고수가 한 말이기 때문이다. 나는 애완견이 들어온다면 전세 계약서 특약사항에 냄새와 바닥 훼손 등은 원상복귀하도록 기재한 뒤 공실을 2달 만에 마치고 전세자금을 받았다. 갭투자로 접근한 내 첫 물건은 공실이 2달을 경험하면서 '적은 금액으로 투자를 하는 것이 좋지만 전세를 받지 못한다면 매매대금 전체를 마련해야 한다.'라는 좋은 투자 경험을 했다. 난 이제 섣불리 갭투자를 하지 못할 것이다. 하지만 추후 좀 더 경험을 쌓고, 갭투자의 확신이 든다면 그때는 다시 또 진행해보고 싶은 투자 방법이다.

전세자금 없이 내 자본으로 잔금을 치를 수 있다면 전세금은 좀 높게 해도 좋다. 전세매물이 처음에는 많지만, 나중에 낮은 전세 물건들이 다 거래된 후에 남은 물건의 전세는 높은 전세가로 맞출 수 있다. 예로 입주 초반에 전세 물량이 쌓였을 때와 입주 지정 기간이 몇 달 지난 후 남은 전세금은 1억 이상 차이가 난다. 하지만 전세자금으로 잔금을 치른다면 주변 시세보다 2~3천은 낮게 매물을 내놓아야 거래가 된다. 아무리 층이 좋고, 타입이 좋고, 방향이 남향이라고 전세금을 높이 받으려고 하면 거래가 안 될 수 있다. 전세금을 많이 받는 것보다 더 중요한 것은 매매금액을 제때 내는 것이다. 전세자금 없이 잔금을 납부해본 사람이라면 그 어려움을 잘 알 것이다.

신축 아파트 전세 놓기 노하우

분양권을 3년 반 소유를 해서 등기를 한 아파트 전세 받기 노하우를 소개한다. 이 경험 또한 아찔한 경험이다. 분양권 매수 시에는 비조정지역이었으나 등기를 치는 시점에는 조정지역으로 바뀐 상황으로 기존 대출이 너무 많아 잔금대출을 한 푼도 받을 수가 없었다.

이 경우도 전세금으로 중도금 60%와 잔금 30%를 치러야 하는 상황이었다. 영끌하면 어떻게든 마련은 할 수 있겠으나 전세금으로 잔금을 치르는 것이 가장 편리하다.

나름 RR 물건으로 생각하고 전세가를 잘 받으려고 내놓았다. 2021년 4월 입주 지정 기간 시작인 이 단지는 세대 수 600세대 내외로 2021년 입주 물량이 적어서 전세를 늦게 받을 것이라고는 예상을 못 했다. 그러나 바로 근처에 2021년 3월에 입주한 단지가 인접해 있었다. 그 영향으로 내가 내놓은 물건은 전세가 잘 나가지 않았다. 특히나 근처의 아파트 단지는 지역주택조합 아파트로 전세가도 내 물건보다 5~8천만 원 정도 낮게 형성되어 있었다. 나는 이때에도 전세 세입자를 구하기 위해 애를 썼고, 그 경험은 내게 전세 세입자 들이는 배움으로 고스란히 남았다.

전세금을 예상 가격보다 5,000만 원 더 낮게 내놓기

나름 RR 물건이었지만 전세를 맞추기 위해 전세금을 낮춰서 내놓았다. 여러 부동산에 전세금을 내린 것을 카톡으로 알리고 전세를 잘 받을 수 있도록 부탁을 드렸다. 세입자의 전세금을 내리면 전세로 들어올 돈이 부족해지니 내 자본금이 그만큼 더 들어간다. 그렇더라도 전세금을 낮추는 것이 답이다.

에어컨 옵션 설치도 추진

에어컨 옵션이 있는 경우 전세가 잘 나간다. 에어컨 옵션을 따로 설치한다면 설치비용이 400~600만 원 들어간다. 하지만 그렇다 하더라도 에어컨 옵션 설치 가능함을 부동산에 알려 세입자를 잘 받을 수 있다면 이렇게라도 진행하려고 옵션 설치가 가능하다고 알렸다.

줄눈과 탄성 및 중문 설치

새로 입주하는 아파트에 전세로 들어온다면 당연히 현관과 욕실 타일 사이에 예쁜 줄눈 정도는 하고 싶은 마음이 들게 마련이다. 타일의 줄눈과 탄성(60~80만 원)은 기본으로 들어간다. 줄눈과 탄성은 잔금을 치르기 전에는 어렵지만 그래도 어느 정도 여유가 있다. 그래서 전세 세입자가 들어오기 전에 시공을 할 수 있다. 이렇게 탄성과 줄눈 시공의 옵션이 있음을 알리고 추가로 중문 설치도 가능하다고 알렸다. 중문의 가격은 80~120만 원 정도 한다. 새집에 중문도 있으면 금상첨화다. 그래서 난 중문 설치도 가능하다고 부동산에 알렸다.

거실 아트월에 벽걸이 TV 설치도 가능

입주 아파트는 거실 벽면이 아트월이다. 집주인이면 이 아트월에 구멍을 내고 벽걸이 TV를 걸 것이다. 하지만 대부분의 집주인들은 임차인에게는 아트월에 TV 설치는 꺼려 한다. 하지만 나는 임차인에게도 벽걸이 TV를 허용해주어야 한다고 생각한다. 새집에 집주인만 벽걸이 TV를 걸고 세입자는 스탠드 TV만 써야 한다는 것은 뭔가 불편한 진실이라고 생각한다. 이렇게 말을 하면 부동산공인중개사 사장님은 깜짝 놀란다. 보통 집주인들이 새 아파트 입주 때 전세 세입자는 벽걸이 TV를 사용하지 않는 것으로 한다는 것이다.

다행히도 5,000만 원 싼 금액으로 내놓은 덕분에 세입자가 구해졌다. 입주 지정 기간 4개월이 지난 시점에서 전세를 받을 수 있었다. 전세 세입자는 신협에서 전세자금 대출을 받아야 했고, 전세권 설정을 요청해서 필요한 서류 등을 발급해서 법무사를 통해 진행했다. 중도금 60% 대출 기간이 2021년 8월 31일이었는데 전세 세입자가 입주하는 날은 2021년 8월 27일이었다. 중도금 대출만기일 4일을 남겨두고 겨우 세입자를 받아 등기를 칠 수 있었다.

3

2 + 2년 6년 전세

2018년 6월 부동산공인중개소에서 전세 세입자와 2년 전세 계약을 했다. 2년 거주 후 2020년 6월 전세 재계약을 진행했다. 세입자는 인근의 재건축 조합원 물건을 매수해둔 상태고, 어린 자녀를 키우기 위해 처가가 가까운 곳에서 전세로 거주 중이었다. 전세 물건에 대해 실거주 의사가 없어서 전세 계약 연장은 세입자와 사전에 전화통화를 통해 계약 연장 의사를 확인 결과 계속 거주를 원하시어 전세보증금 5% 인상으로 2020년 6월 재계약을 진행했다.

처음 전세 세입자를 받을 때는 부동산을 통해 전세 세입자를 받았고 계약도 진행했다. 2020년 6월 계약 연장을 할 때는 부동산을 통하지 않고 직접 세입자와 만나서 진행을 했는데 물건지 인근 커피숍에서 만났고, 기존 처음 전세 계약서의 특약사항에 추가 계약 기간을 기재한 후 인감도장 날인 및 5% 증액 보증금을 계약 만료일에 계좌로 송금받고 마무리를 했다.

이렇게 전세 세입자는 2018년 2년 전세 계약 + 2020년 6월 2년 연장으로 총 4년 전세 계약을 맺었다. 그러나 전세 재계약을 한 지 한 달 만인 2020년 7월 31일부터 임대차 3법이 시행되었다. 임대차 3법은 전월세 상한제, 계약갱신 청구권, 전월세 신고제이다. 전월세 상한제는 2 + 2년 보장으로 하는 전세 임대로 상승폭 5% 이내로 한다. 계약갱신 청구권은 기존 계약이 끝나면 추가로 2년 계약할 수 있고, 계약 만료 2~6개월 전 가능하다. 전월세 신고제는 전월세 계약 후 30일 이내 계약 내용을 지자체에 신고하면 된다.

2020년 6월 전세 재계약을 진행한 전세 물건이 2022년 6월 재계약 기간이 돌아온다. 법이 바뀌어 이미 4년을 거주했음에도 계약갱신 청구권으로 추가 2년을 더해 총 6년을 거주하게 된다. 재계약 여부 확인 시점은 2021년 12월 전세 계약 만료일 6개월 전에 미리 전세 세입자와 통화를 해서 계속 거주 의사를 확인했다. 그리고 매도 의사 없음 의사를 전달했다. 세입자 또한 임대인인 내가 매물을 내놓을지 문의를 해서 2023년도 이후에나 매도 의사가 있음을 알려주었다.

전세 재계약은 계약 만료일 1달 전후인 2022년 5월 예정이다. 세입자의 재계약은 처음 작성했던 전세 계약서에 특약사항으로 기재 후 인감날인 및 전세 계약 시작일에 맞춰 5% 증액금액 입금으로 계획이다.

2018년 6월 전세 2억 5,000만 원

2020년 6월 전세 2억 6,000만 원(5% 증액 1,000만 원/250만 원 감액함)

2022년 6월 전세 2억 7,300만 원(5% 증액 예정 1,300만 원)

2018년 전세가와 매매가가 5,000만 원 이내로 지금 보니 참 갭이 작다. 2022년 현재 전세가와 매매가 갭은 1억 6,000만 원으로 1억 원 이상 차이가 난다. 세입자는 다른 재건축 단지 조합 물건을 매수 후 입주 대기 중으로 입주 시까지 별다른 일이 없으면 현 전세로 거주를 하는데, 저렴한 전세보증금으로 6년을 거주하게 된다.

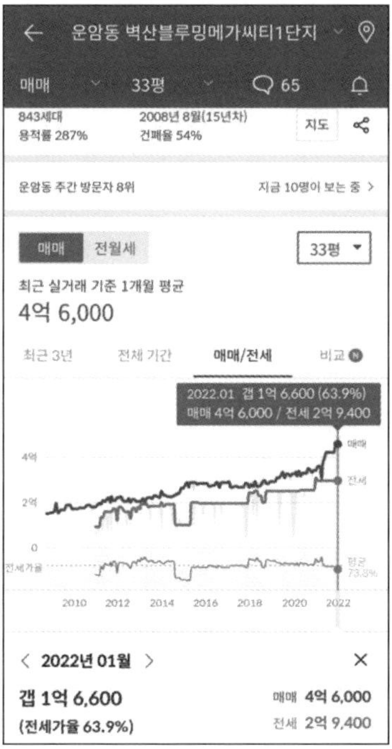

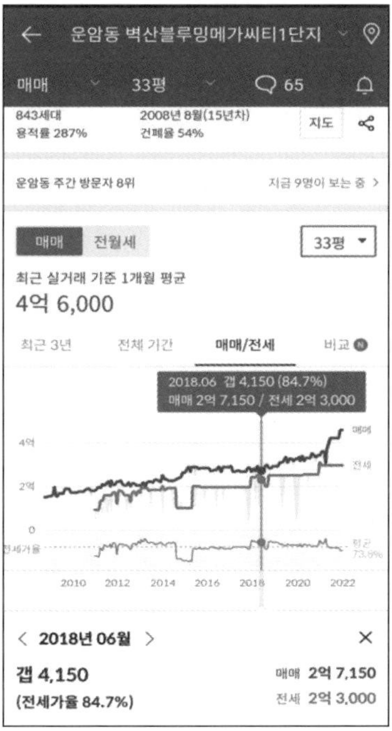

〈사진 출처 : 호갱노노 애플리케이션〉

2022년 1월 현재 전세가 3억 6,000~3억 7,000만 원 및 전세 물량은 지역신문에 34평 기준 2개 나와 있다. 세입자는 2018년 6월부터 2024년 6월까지 총 6년을 2억 5,000만 원~2억 7,300만 원으로 현재 전세매물 시세보다 대략 1억 이상 저렴한 가격으로 전세를 거주하게 된다.

최상의 조건은 매도자가 이사하는 날 전세로 잔금을 치르는 것이다. 그러나 이렇게 매매대금 전체를 내줘야 하는 경우가 발생하니 그 금액을 준비할 여력이 될 때 투자 접근을 하기를 당부한다. 나는 이 아찔했던 경험을 통해 신축 분양권 등기 시 전세를 합당한 가격으로 내놓아 세입자를 바로바로 맞추는 노하우를 터득했다.

제8장

랑드르크의 부동산 투자 실전 사례

1

4천만 원으로 산 46평 실거주 아파트

'자기 먹을 것은 타고난다!' 우리 집의 복덩이 셋째 아들

우리 가족은 5인 가족이다. 기존 집인 34평에서 넓은 평수로 이사한 이유는 5명이 살기에 뭔가 개인 공간이 부족하였다. 남자 아들만 셋으로 등치도 커가고 사춘기를 이유로 트러블이 많았다. 아이들의 활동반경을 고려한 넓은 공간이 필요했다. 특히 셋째 아들인 막내아들은 10살까지 자기 방이 없었다. 4인 가족이면 아마도 신축 34평 아파트로 알아보았을 것을 셋째 아이가 있어 40평대 아파트를 눈여겨보기 시작한 것이다. 이런 점에서 난 막내아들이 자기 먹을 것은 타고난다는 말을 실감한다. 먼저는 엄마인 내가 직장생활을 하면서 아이들 학교도 보내고 주거공간도 만족할 만한 단지 위주로 찾았다. 나는 새 아파트를 좋아함으로 주변 계림2구역 재개발 물건 중 40평대 물건에 관심을 가졌다.

매매가격은 프리미엄 2억 정도 붙은 40평대 재개발 입주권이었다. 거주하고 있는 실거주 아파트를 매매하고도 자금이 많이 부족했지만(당시엔 '이 부족분을 어떻게 마련하지?' 하고 고민이 많이 되었다.) 그래도 실거주를 위해서 무리를 해서라도 지금 살고 있는 곳 근처에서 가장 입지가 좋고 투자가격 상승도 기대해볼 만했기에 과감하게 매수를 하려고 대기를 하고 있었다. 그런데 이 계림2구역 SK와 아이파크 컨소시움 아파트 재개발 입주권은 내 물건이 되지 못했다. 부동산에서 물건 브리핑을 받고 계약금을 이체하기 위해 매도자의 계좌를 받고자 대기하고 있었으나 안타깝게도 이 물건은 다른 사람에게 거래가 되어버렸다. 그때는 내 물건이 아닌가 보다 했었지만 지금 와서 보니 실로 아까운 물건이었다. 지금 거래되는 조합 입주권은 2022년 1월 현재 15억으로 매물이 나와 있기 때문이다.

내가 이렇게 아파트 투자를 하게 된 배경은, 물론 남동생의 월급을 저축하면서 어떻게 하면 잃지 않는 투자를 할까를 생각하면서 조심스럽게 투자했기도 했지만 살고 있는 지역 대부분이 재개발로 아파트가 들어서는 계림지구에 살고 있었기에 자연스럽게 투자하게 되었다. 광주광역시 계림동 재개발 구역을 보면 계림5-2구역, 계림2구역, 계림4구역, 계림8구역, 계림7구역 등 계림동 전체가 재개발 구역 지정이 되어 사업이 진행되고 있었다. 즉 신축 아파트 예정지 중심에서 구축 아파트에 거주하고 있었다. 환경은 가장 강력한 동기부여 조건이다. 나는 부동산 재개발 구역 지정에서 살고 있던 탓에 자연스럽게 부동산 정보를 접할 수 있었고, 부동산 재테크 분양권 투자를 실행하게 된 것이다.

내 집 장만 아파트 선택 완료!

계림 2구역 재개발 입주권 40평대 매수가 어긋나고 속이 상했다. 하지만 나는 그대로 주저앉지 않았다. 내 가장 큰 장점은 실행력이다. 곧바로 근처 재개발 아파트 일반분양권 매수를 하기로 맘을 먹었다. 아는 부동산 지인 언니를 통해 동구 재개발 아파트 분양권 중 40평대로 필로티 분양권 매매를 해서 구입하고 싶으니 알아봐달라고 했다.

그렇게 산 이 집이 우리 집이 되려고 했던 모양이다. 문의를 한 지만 하루 뒤에 필로티 2층이 나와 있다는 것이고, 프리미엄 또한 300만 원의 저렴한 가격이었다. 나는 부동산공인중개사님이 주신 정보로 실거주 목적으로 사고 싶은 물건이 있는 것을 확인했다. 남편에게 이 물건의 매수를 하고자 하는 이유와 목적을 설명하고 속전속결로 남편과의 의견일치로 분양권 매수를 진행했다.

2016년 12월 이 아파트는 미분양이었다. 그 이유로 40평대이지만 프리미엄이 낮았다. 40평대로 분양가는 2층 필로티로 4억 원이었다. 계약금 10%인 4,000만 원으로 매수를 할 수 있었다. 2019년 4월 입주할 당시 KB시세는 약 6억 8,000만 원 정도였다. 대출은 KB시세 70% 대출이 가능했던 시절이다. 4억 7,000만 원 풀대출을 받았다. 이율은 3.8%대이고, 거치 기간은 10년이었다. (거치 기간에는 이자만 내면 된다. 이율은 5년은 고정이율, 이후 5년은 변동이율이다.)

잔금대출을 받아 중도금 60% + 잔금 30% 비용인 3억 6,000만 원을 지불하고도 내 수중엔 가용자금이 1억 1,000만 원이 남았다. 나는 이 대출금을 이자를 내기 위한 자금으로 2,000만 원 정도 통장에 남겨두고 나머지 자금은 다른 용도로 활용을 했다.

40평대 아파트 분양권 구입 초기 비용으로 4,000만 원이 들어갔고, 잔금대출을 받아 중도금 및 잔금을 지불하고도 돈이 1억 1,000만 원이 남았다. 2019년 4월 입주 후 나는 대출이자를 약 115만 원 매월 납부하고 있다. 매월 내는 이자가 부담되기도 하지만 나는 저축하는 셈치고 꼬박꼬박 이자 납부를 하고 있다.

아파트에 입주할 때는 분양할 때보다 시세가 많이 올라 있었다. 그래서 잔금대출로 중도금 대출 및 잔금을 치르고도 돈이 남았다. 대출을 어렵게 생각하는 사람들은 '내가 높은 분양가 아파트를 어떻게 사지?'라고 고민을 할 것이다. 계약 시에는 적은 금액이 들지만, 잔금까지 생각을 해야 하기에 부담스러운 것이다. 그러나, 입주 시점에 아파트 평가금액이 올라 있어 대출을 분양가보다 더 높이 받을 수 있기에 잔금까지도 해결이 되는 것을 나도 경험해보았다.

〈사진 출처 : 호갱노노 응용소프트웨어〉

2022년 2월 현재 '호갱노노'라고 하는 사이트에서 보면, 입주해 있는 아파트는 실거래가 8억 9,250만 원이고, 전세가는 5억 8,333만 원이다. 지역신문에 나온 매물 호가는 매매가 9억 5,000만 원이고, 전세가는 6억 5,000만 원으로 나와 있다.

2

5천만 원으로 산 재개발 프리미엄 입주권

남동생이 아파트라도 번듯하게 있어야 한다는 생각으로 투자처를 알아보았다. 앞서 인연이 된 C공인중개사에게 남동생의 월급을 저축한 저축일지를 보여주었다.

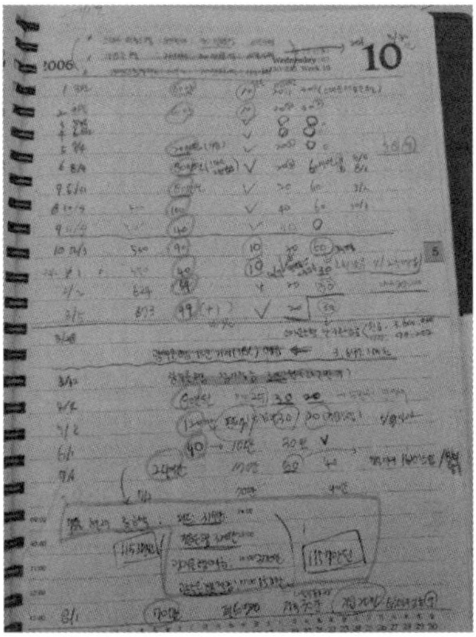

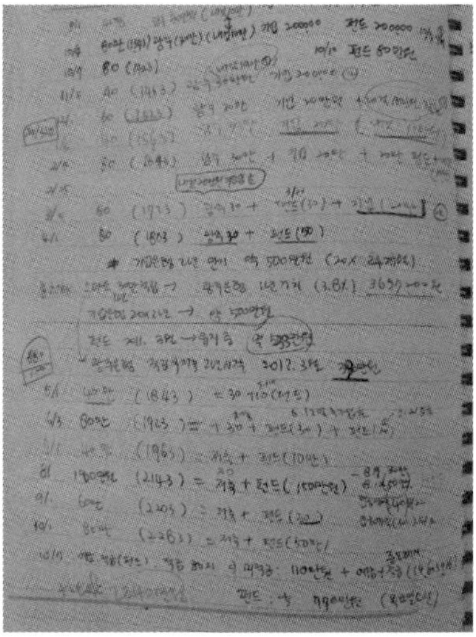

남동생의 저축은 2011년부터 이렇게 해서 점점 목돈을 모아갔다. 남동생의 직장은 월급이 일정하지 않아서 적을 때는 60만 원, 많을 때는 80만 원을 받고 일했다. 나는 그중에서도 동생의 생활비를 제외한 저축금을 받아 기업은행 2년 만기 저축과 이율을 더 주는 2금융권 스마트저축은행 저축, 투자수익을 올릴 수 있는 펀드에 나눠서 3가지 방법으로 저축을 했다.

정기적금은 매월 일정한 금액을 납부해야 한다. 남동생이 저축액만큼 월급을 보내오면 그대로 넣고 저축금액보다 적은 금액이 오면 내 돈을 융통해서 저축을 해줬다. 일정하게 저축을 해줘야 만기 이자를 받을 수 있기에 그렇게 한 것이다. 그리고 보너스달에 월급을 더 보내오면 내가 먼저 낸 자금을 회수하는 방식으로 꾸준히 저축을 이어나갔다.

이렇게 해서 1년 만기, 2년 만기 저축이 끝나서 처음 마련한 목돈이 1,157만 원이었다. 이 목돈을 은행예금으로 넣어두고 저축을 새롭게 시작해 나갔다. 다음 적금이 만기가 될 때는 3년 반쯤 지나서 목돈이 2,340만 원이 되었다. 이렇게 투자를 모를 때는 저축으로 돈을 모았고, 내가 할 수 있는 최대로 위험한 투자가 펀드였다. 목돈이 모여서 어느덧 5,000만 원이 될 때쯤에 나의 부동산 투자도 본격적으로 진행이 되었다. 남동생의 자본을 잃지 않은 안전한 투자를 하고 싶었다. 그래서 집이라도 하나 있어야 결혼이라도 하겠다 싶어 아파트에 관심을 끌게 된 것이다. 내 투자 마인드의 시작은 남동생의 월급을 모은 후, 목돈을 잃지 않는 투자 및 투자 수익률을 높이기 위한 부동산 투자였다. 남동생은 내게 고마워하지만 나 또한 남동생으로 인해 부동산 투자에 본격적으로 눈을 뜬 셈이었기 때문에 나 역시 남동생에게 고마울 뿐이다.

이런 저축일지를 C부동산공인중개사에게 보여준 목적은 단 하나다. '난 이 돈을 절대 잃고 싶지 않다. 안전한 투자 물건을 나에게 제시해달라.'라는 의미였다. "재개발 물건을 알아봐주세요."라고 말하며, 내가 투자할 수 있는 자본금도 모두 공개해주었다.

"아~ 저도 이런 누나가 되고 싶네요. 이 장부를 보니 진짜 사모님께 돈 벌어주고 싶은 맘이 들어요. 최근 중흥3구역 재개발 구역이 관리처분인가가 났고, 조합장이 조용히 일을 잘해서 속도 또한 빠르게 진행이 되는 곳이 있어요. 지금 나와 있는 물건이 없긴 한데 한 번 더 알아봐줄까요?"라고 말해주었다. 난 직감적으로 그 구역 내 물건을 사면 좋겠다는 생각이 들었다. 그래서 좋은 물건이 나오면 바로 연락을 주라고 당부를 하고 부동산을 나왔다.

얼마 후 적당한 매물이 나왔다고 연락이 왔다. 나는 당장에 부동산사무실로 달려가서 물건에 대한 브리핑을 받았다. 조합아파트 감정평가액 1억 3,000만 원인 주택이었다. 프리미엄은 5,000만 원이다. 프리미엄이 5,000만 원이 붙은 조합주택을 매수한다면 지금 당장 필요한 돈은 계약금이지만, 그건 이주비 대출을 받으면 되고 잔금은 3개월 뒤로 하면 투자금에 맞게 살 수 있다고 했다.

재개발 구역 내 주택의 조합원 34평 분양가는 2억 7,000만 원이었지만 아파트 감정 평가액은 1억 3,000만 원이었다. 아파트 입주권 가격은 감정 평가액보다 1억 4,000만 원이 더 비쌌지만, 프리미엄 5,000만 원을 더 붙여 총 3억 2,000만 원으로 조합원 입주권을 매수했다.

조합 입주권 아파트를 매수할 때 실제 필요한 자본은 재개발 구역 내 주택 감정 평가액 1억 3,000만 원 + 프리미엄 5,000만 원으로 총 1억 8,000만 원이 필요했지만 감정 평가액의 60%(7,800만 원)는 무이자 이주비 대출을 받을 수 있어서 입주권을 사려면 잔금까지 총 필요한 현금은 1억 200만 원 정도였다. 아파트 매수 시점은 관리처분인가일 이후인 2018년 3월이었고, 입주 시점은 2022년 2월로 입주 시까지 4년이 남아 있었다. 남아 있는 기간 동안 잔금 마련을 위해 열심히 저축하면서 기다리면 되는 것이었다. 부동산은 시간을 먹고 자라기 때문에 조합 입주권을 매수해서 시간을 내 편으로 만든 것이었다.

남동생은 2022년 2월 이 재개발 아파트에 입주하지 않고 전세를 주었다. 혼자서 34평에 거주하기보다 전세를 받아서 잔금을 치른 후 투자 자본이 2억 정도 마련이 되기에 전세를 내놓았다. 그때 매수했던 남동생의 아파트는 2022년 현재 호가 7억 5,000만 원 이상이다.

3

작은 것은 버리고 큰 것을 취해라

분양권은 1세대당 2개까지 소유할 수 있다. 이미 나는 1개의 분양권이 있기에 2020년 핫단지 분양권을 추가 매수하고자 했다. 똘똘한 아파트에 관심이 쏠려 있어 입지 및 세대 수, 브랜드에서 월등히 좋은 분양권 매수를 통해 자산을 늘리고 싶었다. 자본은 저축 + 대출로 마련했다. 다주택이기에 양도세 부담을 줄이기 위해 명의는 부부공동명의로 했다. 분양권 중도금 대출 실행은 남편으로만 진행했다.

이유는 나는 이미 다른 분양권의 중도금 대출 실행이 되어 있었고, 실거주도 주택담보대출이 받아져 있기에 새로 취득하는 분양권 명의는 공동명의이나 중도금 대출 실행은 한 사람으로 지정해서 할 수가 있었다.

마음에 드는 핫단지 분양권을 정하고 기존에 신뢰가 쌓여 있는 B

부동산공인중개사님에게 물건의뢰를 했다. 마침 원하는 단지의 RR 분양권이 높은 프리미엄으로 나와 있었다. 이 물건을 매수하기로 하고 매도자의 계좌를 받아달라고 했다. 매도자가 부동산에 분양권 매물을 내놓으면 그중에서 마음에 드는 물건의 분양권을 매수하면 되는 것이다. 내가 본 물건은 프리미엄이 높았지만, RR이기에 매수하기로 했다.

매도자의 계좌와 신분증이 핸드폰 문자로 왔다. 일단 가계약금 1,000만 원을 넣었다. 그리고 본 계약 때 분양권 매매 계약서를 작성하고 계약금 10%를 이체한다. 이후 중도금 지급날짜와 잔금(명의변경일 날)을 치르고 명의변경을 하면 된다. 명의변경일 날 중도금 대출 승계도 한다.

나는 프리미엄이 높지만, 원하는 핫단지 분양권을 매수했다. 그런데 이런 투자처가 있으니 나의 가족인 오빠도 투자하도록 권하고 싶었다. 당시 오빠와 관계에서 약간의 문제가 있었다. 개인적인 사유로 다투었고, 3~4달 연락을 뜸하게 하고 있던 상태였다. 핫단지라서 프리미엄이 올라가는 것이 눈에 그려졌다. 그런데 오빠와 다퉜기에 이 부분을 해결해야 분양권 매수를 도와줄 수 있을 것이었다. 비록 자존심은 상하지만 어쩔 수 없다. 나는 오빠에게 카카오톡 메시지를 보냈다.

"오빠 지난번 일은 내가 너무 과했네~ 정말 미안해." 그리고 두 손빌며 눈물을 흘리는 이모티콘을 날려주었다. 그다음 "중요한 일로 상의할 것이 있으니 전화해주세요."라고 메시지를 보냈다.

핫단지 분양권 매수를 하려면 다음과 같이 논의해야 했다.

① 신속한 사과

② 왜 이 분양권을 투자해야 하는지?

③ 자금은 어떻게 마련할 것인지?

④ 명의는 누구 명의로 할 것인지?

다행히도 오빠는 카톡 보낸 지 몇 분 후 전화가 왔고, 나는 다투었던 일에 대해 무조건 내가 미안하다며, 사과했다. 다행히 내 사과에 오빠도 마음이 풀렸다. 나는 내가 투자한 핫단지 분양권에 대해 오빠에게 설명해주었다. 그리고 지금 당장 자금을 쓸 일이 없으니 핫단지 분양권을 오빠도 투자하면 좋겠다고 설명했다. 일단 필요한 자금은 대략 1억 6,000만 원이었다. 오빠 혼자서 그만한 자금을 마련하기에는 어려웠다. 또 한 명의 든든한 지원군인 남동생이 생각이 났다. 그래서 남동생에게도 전화를 걸었다. 오빠에게 했던 설명을 다시 하고 자금을 차용해줄 수 있도록 요청을 했다. 그리고 재개발 입주권이 있는 남동생 대신, 명의는 오빠 명의로 하도록 했다. 사과와 투자 설명과 자금 마련 및 명의를 정하기까지 채 1시간도 안 걸렸다.

이 방법들은 보통의 형제들에게는 어려울 수도 있겠지만, 우리 삼남매는 부동산 투자로 수익을 본 경험들이 있기에 모두 한 팀이었다.

오빠와 남동생에게 브리핑하고 동의를 얻어, 각각 대출이 가능한지 은행권을 통해 문의해보도록 했다. 이후 B부동산 사장님에게 같은 단지 RR 분양권이 매물로 나와 있는지 문의를 했다. 나의 분양권 가계약일 4일 후 여러 개의 물건 중 적당한 물건이 나왔고, 나는 두 번째로 신속하게 매수 결정을 내리고 매도자의 계좌를 받아서 가계약금을 이체하도록 오빠에게 전달했다.

투자자는 돈을 벌기 위해서는 알량한 자존심은 버려야 한다. 나는 투자자이고 대인배다. 작은 일로 오빠에게 이기는 것보다 훨씬 더 큰 그림을 그렸고, 나와 오빠는 핫단지 분양권을 실거래일 4일 차로 각각 1개씩 매수를 했다.

4

구축 아파트 투자 및 위기 극복

나는 주로 분양권 구매 후 전세를 놓거나 실거주를 하는 투자방식을 좋아한다. 새 아파트를 좋아하기 때문이고, 분양권 투자는 초기비용이 많이 들지 않기 때문이다. 부동산 고수들은 부동산 상승 초기에는 전세를 끼고 매수를 하는 일명 갭투자 방식의 투자를 많이 한다.

이러한 경험을 나도 해보고 싶었다.

부동산 투자 고수들은 어느 지역이 아파트 매가 상승 초기인지 알고 있다. 나는 이러한 분석 능력이 부족함으로 부동산 고수의 어깨에 올라타는 방식을 선호한다.

재미있는 12띠 이야기

아주 먼 옛날 옥황상제가 지상의 동물들에게 지위를 주고자 동물들을 호출했다고 한다. 그리고 이때 연회장에 도착한 순서대로 지위를 주겠다는 약속을 했다. 이 소식을 들은 짐승들은 저마다 연회장에 빨리 도착하기 위해 열심히 훈련했다. 그중의 소가 부지런히 가장 열심히 훈련했다. 그리고 소집 당일, 영리한 쥐는 소 몰래 소의 등에 올라탔다. 열심히 훈련한 소는 선두를 유지하며 1등으로 연회장에 도착하는 찰나에 소의 등에서 쥐가 뛰어내리고 연회장에 가장 먼저 발을 들여놓았다. 쥐는 첫 번째로 지위를 받게 되었고, 소는 두 번째 지위를 받게 되었다. 다른 짐승들보다 가장 작은 체구를 가진 쥐가 어떻게 다른 동물들보다 가장 첫 번째로 도착을 할 수가 있었을까? 다름 아닌 거인(소)의 어깨를 타고 왔기 때문이다. 영리했기 때문에 자신의 악조건을 극복했고, 불가능을 가능하게 한 것이다.

나는 쥐처럼 1등은 못해도 거인의 어깨에 올라타면 혼자 분투하는 것보다 훨씬 좋다는 것을 알고 있다. 아이는 어릴 때 어른의 행동을 모방함으로써 삶을 살아가는 방식을 배우는 것처럼 부동산 투자도 이처럼 많은 고수분이 만들어놓은 자료를 활용하거나 배움으로써 나도 투자를 할 수가 있는 것이다. 즉 모방이다.

「무작정 따라하기」 책 시리즈가 있는 것처럼 나는 부동산 투자도 따라하기가 가장 쉽고 재미있다. 부동산 투자에서 고수님들이 진입하고 일정 매가가 상승했더라도 따라하기 방법을 통해 지각비를 내고라도 투자 실행을 한다면 투자 성과가 있다고 생각하고 실천을 했다. 그래서 전세를 끼고 투자하는 갭투자 방식도 해보고 싶었으며, 이미 외지 투자자가 선점하고 남은 물량이 거의 없는 지역 내지만 그래도 내가 투자할 물건은 있다고 생각을 하고 투자 생각을 실천하기로 마음먹고 물건을 찾기 시작했다.

하지만, 부동산 고수 언니가 투자를 들어간 후 1~2달 뒤 뒤따라 들어가서 매수를 했기에 거의 물건이 없었다. 층도 3층으로 높지 않지만 그래도 그나마 이 물건이 나에게 온 것을 아주 기분 좋게 생각하고 실천했다. 전세를 끼고 매수를 하다 보니 처음 투자금은 6,000만 원을 생각했으나, 전세 물량이 쌓이고 층이 낮다 보니 전세가를 낮출 수밖에 없어서 결국에 거의 1억 투자금이 들어갔다.

그 시점은 2021년 1월 말 등기를 했고, 지금 현 시점에 매가 상승은 1억 3,000~1억 8,000만 원 정도의 금액으로 매물이 나오고 있다. 만약 투자자들이 다 휩쓸고 가서,

"내가 살 물건은 없어!"

"투자금도 너무 많이 들어가!"

"층도 낮은 층뿐이야!"

이런 말을 하며 투자하지 않았다면 수익금은 나에게 돌아오지 않았을 것이다. 또한 투자하지 않았다면 전세를 끼고 매매를 하는 갭투자의 소중한 경험 또한 할 수 없었을 것이다.

이 물건 매수를 통해 나는 많은 것을 경험했다. 이때를 생각하면 정말 아찔하다. 만약 매매대금 전체를 준비를 못했을 경우 어떻게 되었을까를 생각하면 이런 투자는 정말 위험한 투자가 된다. 그 당시에 내가 할 수 있는 방법은 전세가를 낮추고 부동산에 15곳 이상 매물을 내놓고 전세 세입자가 빨리 들어오기를 기다리는 방법뿐이었으나, 천만다행으로 다른 물건 내놓은 것의 중도금이 현금으로 많이 들어와서 잔금을 치를 수 있었다.

최상의 조건은 매도자가 이사하는 날 전세로 잔금을 치르는 것이다. 그러나 이렇게 매매대금 전체를 내줘야 하는 경우가 발생하니 그 금액을 준비할 여력이 될 때 투자 접근을 하기를 당부한다. 하지만 모든 것은 내게 배움이 된다. 이 책의 앞에서도 적었듯이, 이 아찔했던 경험을 통해 나는 신축 분양권 등기 시 전세를 합당한 가격으로 내놓아 세입자를 바로바로 맞추는 노하우를 터득했다.

5

투자 코칭 성공사례담

(사례 1) 매매차익은 기본 실거주 만족도를 높여라.

전세를 사는 지인 A씨는 아파트를 특별공급으로 청약할 수 있는 자격이 있었다. 분양아파트 여러 곳에 특별공급신청을 넣어보았다. 그러나 번번이 고배를 마셨다. 청약 특별공급당첨의 아쉬움을 뒤로한 채 아파트를 매수하고자 한다는 연락을 받았다. 그러면서 살고 있는 거주지 바로 옆 주택 재개발 단지의 입주권을 사는 것이 어떤지 문의를 해왔다.

"제수씨 (내가 지금 가지고 있는 금액은 ○○○가 있어요.) ○○동 재개발 입주권 가격이 2억 7,000만 원이라고 광고에 나오는데 이것 사는 것이 어떤가요?"

A씨는 지금 당장이라도 이사 가고 싶어 했다. A씨의 질문을 듣고, 현재 그 입주권의 프리미엄 및 주택 권리가격, 그리고 입주 시 추가 분담금 등에 대해 자세히 짚어줄 필요성을 느꼈다. 대략 계산해보니 이 재개발 아파트 입주권 가격은 총 4억 7,000만 원이었다. 나중에는 수익이 날 것이 확실하지만, 실거주 만족도는 한참 뒤로 미룰 수밖에 없는 상황이 눈에 보였다.

필요한 자금도 부족해 보일 뿐 아니라 미래 투자수익만을 바라보기에는 현재의 거주 만족도는 바닥이었다. 초등학생인 딸아이의 자기 방이 없었으며, 4인 거주하기에 커가는 아이들에 비해 비좁았다.

A씨가 문의했던 재개발 입주권보다 더 좋은 단지의 분양권 매수를 추천했다. 필요 자본도 대략 1억 정도면 34평 아파트 분양권을 매수할 수 있으며, 입주까지는 1년 정도 남아 있는 단지로 입주 후 매매가 상승이 눈에 보이는 단지가 바로 눈앞에 있었다. 내가 제시한 디테일한 부분과 지인의 생각이 일치하니 일은 일사천리로 진행이 되었다.

친하게 지내는 C부동산공인중개사에게 적당한 매물을 알아봐달라고 했다. 믿고 맡기는 C부동산공인중개사가 프리미엄이 적당한 RR 물건을 소개해줬다. 그리고 지인에게는 자금을 마련할 방법을 함께 논의했다. 남편의 퇴직금에 신용대출금을 합하여 20층 이상의 RR 분양권 매수를 초스피드하게 진행했다. 이런 신세계를 경험한 지인은 2021년 입주 후 실거주를 하고 있으며, 주거 만족도도 높았다. A씨의 아이들도 새집에서 자기 방을 공주방처럼 꾸몄다. 후에 아파트 매매가 또한 최소 3억 이상 올라와 있다.

이후 지인은 1 + 1로 분양권을 구입해서 나를 놀라게 했다. 소형 평형으로 분양받은 아파트에 부모님을 모셨다. 낡은 아파트에 거주하는 부모님을 생각해서 같은 단지 소형으로 분양권을 추가 매수한 것이다. 부모님이 입주한 소형 평형도 분양권 매수 때보다 현재 1억 5,000만 원 상승해 있다. 나를 믿고 따라준 지인은 그 또한 다 자기 복이다. 의견제시를 했을 때 추진하는 것은 본인의 능력임을 이 사례에서 보듯이 잘 알 수 있다.

꿀팁 미래의 수익을 위해 현재 주거 만족도를 놓칠 수 없다.

(사례 2) 실거주와 투자아파트를 분리해라.

친하게 지내는 B동생은 아이들을 키우기에 좋은 친정집 근처에서 전세를 살고 있었다. 자기 집은 전세 후 매매하여 양도 차액이 발생한 것을 보고 아파트를 재투자하기로 생각하던 중 나에게 연락을 해왔다.

"언니, 나 아파트를 사려고 하는데 관심 있는 단지는 대단지 재개발 단지야! 지금 프리미엄이 붙긴 했는데 이것을 사는 것이 좋을까?"

B는 앞의 사례자인 A씨와 같은 고민을 하고 있었다. 단지 자가가 있으면서 전세로 거주하는 것이 차이점이었다. 난 바로 내 의견을 제시했다.

"그 재개발 단지는 5,000세대로 큰 재개발 단지긴 해. 나중에 지가 상승은 하겠지만 내 생각에는 입주 시까지 5년 이상 걸리니까 다른 곳을 먼저 투자 후 수익을 맛본 다음에 해도 늦지 않을 것 같아."

"그래 언니, 나도 그것이 걸렸어. 입주 시까지 너무 기간이 길더라고! 어디가 좋을까? 언니?"

"내가 내 오빠가 매수했으면 하는 아파트가 있었어. 그 단지를 유심히 보고 있었거든. 나라면 그 아파트를 매수해서 전세를 놓고 2년 후 매매해도 수익이 날 수 있는 아파트 단지야. 남구에 있고 위치 또한 굉장히 좋아."

이렇게 이야기하고 1년 후 입주 예정인 단지를 알려주었다. B동생은 그 단지를 실사를 해보았던 모양이다. 며칠 후 전화가 왔다.

"언니, 위치도 괜찮고 나중에 내가 실거주해도 좋을 것 같아. 그래서 매수하려고 마음먹었어."

"그래, 그럼 내가 그곳을 아주 잘 알고 있는 C부동산공인중개사를 소개해줄게. 그리고 적당한 매물이 있는지 물어볼게."

이 B동생 또한 그대로 실행했다. 내가 알려준 그 단지를 C부동산 공인중개사에게 매수했다. 바로 남향이고 RR인 지역주택조합 입주권을 산 것이다. 자금력이 있던 B동생은 조합주택입주권 매수 1년 후인 2021년 3월 월세를 놓아 매월 100만 원씩 월세를 받고 있다. 아파트 매매가 또한 대략 3억 정도 상승했다.

꿀팁 지역주택조합 아파트는 입주 시 추가 분담금이 발생한다. B동생이 매수한 단지는 이미 골조가 90% 이상 올라가 안전했으며 추가 분담금 또한 상가 분양자들에게만 발생하며, 아파트 입주자에게는 없음을 확인한 후 매수를 한 것이다.

(사례 3) 전세보다는 월세를 살며 투자금을 만들어라.

A지인의 지인인 C씨는 A씨의 새 아파트 매수 소식을 듣고 새집으로의 이사를 급히 고민하게 되었나 보다. A씨에게 또 전화를 받았다.

"제수씨, 내 친구가 있는데 구축 아파트에 20년 넘게 살고 있어요. 애가 셋인데 내가 매수한 단지 분양권을 산다고 하는데 좀 알아봐주세요."

"아하, 그래요. 알겠어요."

일단 대답은 그렇게 했지만 나는 C씨의 사정을 전혀 몰랐다. 집이라는 것은 투자 만족도와 실거주 만족도 일거양득이면 좋은데 C씨는 애가 셋이라고 한다. 나도 아들 셋으로 40평대 집으로 이사를 해서 살고 있는데 C씨 또한 자녀가 셋이라고 한다면 34평 아파트는 조금 아쉬울 듯했다. 그뿐만 아니라 아이들은 이미 대학생과 고등학생 2명이다. 성인 5명이 34평 아파트에 살기에는 좀 부족해 보였다.

일단 아파트 매수에 관련된 C씨의 상황을 더 알아볼 필요성은 있었고, 직접 통화를 해보고자 연락처를 받았다. 역시나 C씨는 34평이 조금 작다는 생각이 들었다고 한다. 친구인 A씨가 새 아파트 분양권을 매수했다고 하니 20년 거주를 한 구축 아파트인 자신의 집에 관한 생각을 깊이 했으며, 당장 이사를 하고 싶은 마음이었다. 고위 간부직을 하는 C씨는 부채가 없었으며, 맞벌이 부부로 자금력 또한 상위 클래스였다.

그래서 40평대 아파트를 매수해서 실거주와 매매가 상승을 맛본다면 더 없이 잘한 투자라고 생각을 했고, 매수를 할 수 있는 단지들의 분양권과 아파트를 대략 알려주었다. 재개발 아파트 40평대 입주권을 매수한다면 2022년 하반기 입주를 할 수 있는 단지가 좋았다. 그런데 중요한 것은 집을 이미 매물로 내놓았다고 한다. 나는 1~2개월 이내 입주하는 대단지 아파트를 알려주었다. 이 재개발 단지는 이미 프리미엄이 2억 5,000만 원 이상 올라 있었지만, 대형 평형으로 더 상승 여력이 충분해 보였고, 자기 자본도 커서 충분하리라고 생각을 했다.

그런데 C씨는 이 단지를 전세로 34평을 살고자 했다.

나는 또 한 번 나의 의견을 제시했다.

"제가 지금껏 부동산 투자책을 보고 실전 투자를 해본 경험으로 전세로 사는 것은 가장 못하는 투자입니다. 전세로 거주를 한다면은 차라리 월세로 살고 그 자본으로 다른 분양권 투자를 하는 것이 좋겠습니다."

"제수씨 생각에 전세보다는 매매를 추천한다는 것이지요? 월세는 좀 그렇거든요…."

"네."

난 확신에 찬 대답을 시원스럽게 했다. 이렇게 해서 지인은 2,500세대 대단지의 49평 분양권을 구매 후 한 달 후 입주했다. A씨보다 입주를 무려 반년 이상 빨리한 것이다. 그뿐만 아니라 매수가 대비 향후 기대수익은 5억 이상이다. 아쉬운 점은 입주 시 잔금대출을 풀로 받아서 다른 투자를 진행하는 것을 제시했으나 C씨는 잔금대출을 받지 않고 개인신용대출을 받아 잔금을 치렀다.

꿀팁 자산 증가를 위해 전세보다는 월세를 살아라! 1주택자라면 일시적 1가구 2주택 비과세를 한 매매를 하는 것이 최상의 선택이다.

(사례 4) 부모님 주거 만족도를 높여라.

지인 D씨는 내 직장 동료다. 고향이 같은 나는 친정 부모님을 위해 분양권을 매수한 것을 지인 D씨도 잘 알고 있다. D씨의 고향에 계시는 부모님은 쥐가 나올 법한 낡은 주택에 사는 것이 마음에 걸렸던 차에 내 이야기를 듣고 관심을 계속 보였다.

"어이, 자네 나도 그 아파트 분양권에 관심이 있어. 그래서 나도 부모님을 위해서 사고 싶어. 어떤가? 지금 사도 괜찮겠는가?"

"응. 언니, 나도 엄마를 위해 구입해놓은 것인데 입주 때 입주를 할지는 모르지만, 효도 차원에서 그리고 내가 친정에 가면 아파트가 훨씬 편하잖아! 그래서 구입해둔 거야! 지금 사도 괜찮을 것 같아. 내가 한 번 알아봐줄까 언니?"

몇 달간 고민을 한 D씨는 매수를 결정했고, 나는 내가 알고 있는 부동산공인중개사를 통해 물건을 알아보았다. 나는 프리미엄이 제일 저렴한 못난이를 잡았다면 D언니에게는 매매가 상승을 가져올 수 있는 앞동의 남향 RR 물건을 추천했다.

D언니는 나의 추천을 듣고 "자네 말에 신뢰가 가네. 내 자네만 믿고 앞동 RR을 살게."라고 했으며 매수 진행을 했다. 2021년 7월 D언니 부모님은 실입주했으며, 거주 만족도 또한 높았다. 프리미엄은 향후 1억을 기대한다. 지방 소도시이지만 그 지역에서는 명품 아파트이므로 무시할 수 없는 대단지 프리미엄을 난 확신한다. 이렇게 지인 투자 조언도 성공리에 했으며 이들 지인 중 3명은 또 다른 투자처를 안내했고, 매수를 해둔 상태이다. 다 나의 조언을 믿고 따라준 덕분에 투자수익은 저절로 따라온 것이다.

에필로그

"투자의 관심 영역을 넓힌다."

과거에 나는 즉 투자를 모르던 때에는 나의 경력 및 자격증을 취득하는 데 많은 시간을 투자했다. 지금을 봐도 과거를 봐도 난 너무 열심히 살고 있다. 열심히 하는 대상이 바뀌었을 뿐 나는 여전히 삶을 부지런히 살고 있다. 과거의 결핍을 채우고 채우려고 말이다. 이젠 어느 정도 채워졌지, 싶다. 무엇을 해도 즐거우니 말이다.

'가장 바쁘게 살았던 때가 언제였을까?'를 생각해보면 당연히 아들 셋을 키우는 육아기이다. 아들 셋 육아는 정말 힘들었다. 그렇지만, 아이들을 키우는 시절로 다시 돌아간다면 더욱더 사랑의 마음으로 키우고 싶다. 그 시간이 그토록 길었지만 지나고 나니 짧디짧은 인생의 10분의 1 부분이다. '다자녀는 부의 상징'이라는 말을 우스갯소리로 흘려듣곤 했지만 정말로 우리 집의 부는 세 아들을 낳고 키우면서 엄청나게 증가한 것 같다. 아이들을 키우며 워킹맘으로 살면서도 나는 끊임없이 공부했다. 그리고 공부의 주제를 부동산으로 바꾸면서 더욱 많은 것을 알게 되었다.

'내가 그토록 원하는 것이 무엇일까?'

'가지고 싶은 자산의 규모는 어느 정도인가?'

'난 왜 이렇게 바쁘게 살아야 하는가?'

나는 내 유년 시절을 보상받고 싶은 욕구가 정말 강하다. 내 인생에서 가장 처절하고 어려웠던 어린 시절을 보상받기 위해 충분히 열심히 살았다. '난 평생 할 고생을 어린 시절에 다 했기 때문에 내 남은 인생은 행복할 수밖에 없어.'라고 믿는다. 앞으로도 나는 내가 하고 싶은 공부, 투자, 취미를 하면서 즐겁게 살 일만 남았다. 이 생각이 가능하게 한 것은 바로 「Secret」 책 덕분이다. 끌어당김의 법칙으로 모든 좋은 것을 끌어당기고 있다. 회복탄력성이 높은 나는 아무리 어려운 상황이 와도 꿋꿋이 잘 헤쳐나갈 수 있다.

과거에는 직장생활에 필요한 자격을 늘리는 것에 투자했고, 최근 5~6년간은 부동산 투자를 통해 우리 가족과 친정 식구들의 부를 일으켰다. 부동산 투자는 잘 아는 지역 즉, 내가 사는 지역에서 할 수 있는 최선의 투자이다. 타지 투자를 하고 싶어도 잘 모르고 실거주도 어렵고 해서 투자를 하기 어렵지만, 앞으로는 투자해볼 생각이다. 내가 잘 아는 지역을 늘려가면 되는 것이다.

부동산 투자를 할 때 책도 많이 읽고 온, 오프라인 활동을 하면서 부동산 고수도 만나 이야기를 나누고 정보를 교환한다. 종잣돈을 모으고 매수할 물건을 찾으면, 종잣돈과 대출금을 합해 자금을 뭉친다. 가장 중요한 것은 실행력이다. 내가 잘하는 것은 실행하는 것이다. 실패를 한다고 해도 다시 일어설 수 있는 감당할 만한 손실을 감안하고 투자를 하는 실행력 말이다. 앞으로 10년 안에 100억 자산을 목표로 꾸준히 투자하고 있다.

내가 하고 싶은 일은 1인 기업 메신저 삶을 사는 것이다. 그러기 위해서는 지금처럼 책도 출판하고 관심 영역에 관한 내용을 블로그에 올리는 것이다. 나의 도움이 필요한 사람들에게 지식 및 정보를 공유하고 싶다. 1인 기업 메신저 삶은 어려운 것이 아니다. 내가 잘하면서 좋아하면서 경험한 모든 것으로 메신저의 삶을 살 수 있다. 내 소중한 경험이 아무리 작은 것일지라도 누군가에는 절실히 필요한 도움일 것이다. 이 모든 경험 또한 모두 다 내가 나에게 주는 투자다. 내 삶의 즐거움을 주는 현재와 미래를 위한 선물 같은 투자다.

(1) 2022년 다주택자 토지 투자 이것만 알면 된다

(2) 1인 기업 메신저로 또 다른 파이프라인 만들다

(3) LH에 아파트 매도 노하우

(4) 분양권 매수, 매도 꿀팁

부록

부동산 투자 노하우

1

2022년 다주택자 토지 투자, 이것만 알면 된다

나는 아파트 투자 전문이었지만 최근 토지 투자도 시작했다. 뭐든지 내 돈이 들어가야 더 잘 알게 된다. 토지에 대해서는 일자무식이던 내가 내 돈을 들여 일단 투자를 시작하고 보니 점점 더 아는 것이 많아졌다. 첫 토지 투자는 2021년 1월에 했다. 처음 토지를 투자하고자 했을 때는 땅 좋아하시는 엄마를 위한 마음에 토지 투자에 대해 관심이 가기 시작했다.

그러던 중 엄마에게 전화가 왔다. 이웃집 할아버지와 함께 사고 싶은 논이 있는데 보러 가자고 하는 전화였다. 토지에 대해서 나보다 잘 아는 지인 D공인중개사 사장님과 함께 엄마가 사려는 논을 보러 갔다. 우리가 본 논은 절대농지였고, 900평 규모의 벼가 심겨 있었으며, 땅 금액은 총 1억 5,000만 원 정도였다. 하지만, 논을 본 중개사님이 이미 심어져 있는 벼는 기존의 땅 주인의 몫이라고 하셨다. 중개사님의 그 말을 들은 엄마와 이웃집 할아버지는 농지 매수를 포기하셨다. 그런 일이 있고 나서 토지 투자에 대한 투자 생각은 더 어려워졌다. 하지만 엄마에게 땅을 사드리고 싶은 생각은 점점 더 커졌다. 그리고 어느 날 다른 투자처인 공시지가 1억 미만 아파트를 알아보고 계약금을 보내려고 했을 때 지인으로부터 전화 한 통을 받았다.

"정랑아, 투자할 자금 좀 있니?"

"왜?"

"나 요즘 토지에 대해 알아보고 있거든."

"그래? 나도 토지 궁금해. 정보 좀 나눠줘."

"응, 안 그래도 너한테 전화하면 반가워할 줄 알았어. 나 지금 토지 설명 들으러 가려고 하는데 너도 같이 갈래?"

"그래, 그래."

그렇게 지인과 함께 찾아간 'B&J 건설회사'에서 우리는 토지 설명을 들었다. 다음의 표는 토지이용 계획상 도시지역이며, 1종 일반 주거지인 토지는 차후 2종(2종 주거지는 아파트를 지을 수 있는 땅이다.)으로 변경 가능성도 있고, 도시 지역 내 토지이기에 차후 매도 차액이 확실히 날 만한 토지다. 아파트를 짓기 전 토지를 땅 주인에게서 매수해서 건설사에서 시세 차익을 남기고 되파는 것이었다.

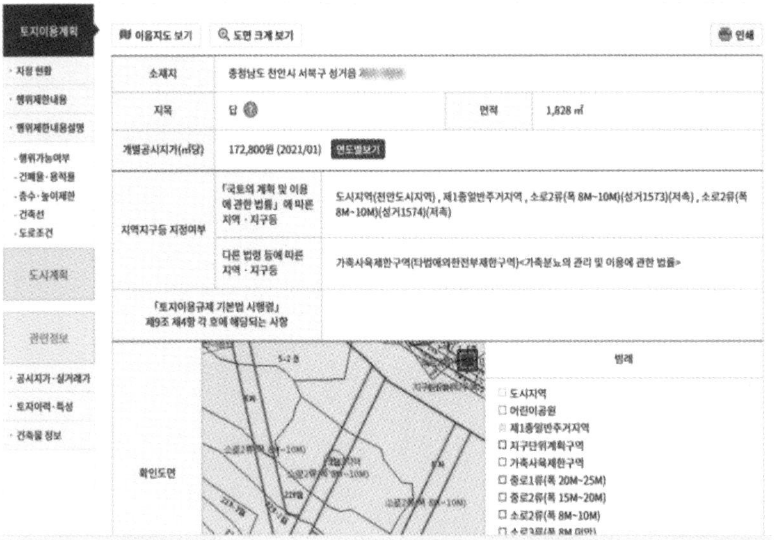

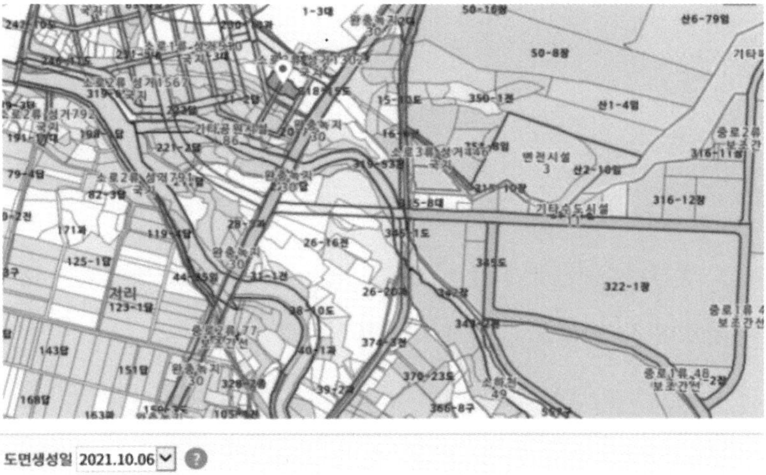

〈사진 출처 : 토지이용규제정보시스템〉

설명을 들어보니 다주택자인 내가 공시지가 1억 미만 주택을 취득해서 양도세 중과를 내고 팔기보다는 명의와 양도세 중과에서 벗어나며, 안전한 투자수익 이윤을 남길 수 있겠다는 생각이 들었다. 앞의 절대농지 투자보다 훨씬 더 매력적인 조건인 토지를 매수한다면 필시 몇 년 소유 후 자산의 증가를 가져올 수 있겠다, 판단이 들어서 계약금을 보냈다.

이렇게 2021년 1월 상업지역 토지 투자를 시작으로 2022년 2월 현재까지 총 4차례 토지 투자를 진행했다. 2022년 2월 매수한 토지는 주거지 배후로 산단이 바로 옆이다. 그리고 북천안 IC 5분 거리이다. 1종 일반주거지역 내 토지로 80%는 근린시설 가능성대 20% 2종으로 변경되어 아파트가 들어설 가능성이 있는 토지이다. 주변에 이미 법인들이 들어와서 토지를 매입하고 있고, 매입 단가는 높다. 천안시 서북구 성거읍에 있는 이 토지는 개발 속도가 빠르고 이미 메인 도로가 20% 완공되었다. 투자 자본의 사이즈에 맞게 80평 토지 투자자로 평당가 185만 원이고, 투자 기간은 대략 2년으로 본다. 기대수익은 투자금 대비 세후 50% 예상한다.

일반적으로 많은 사람이 생각하기로는 토지 투자는 장기 투자라고 생각을 한다. 그런데 내가 아파트 투자를 해본 결과 아파트 투자 또한 장기 투자일 수밖에 없다. 2017년에 분양권 매수를 해서 2021년 4월에 등기했으며, 2년 전세 후 임대차 3법으로 2년 전세 추가를 할 것 같고, 양도세를 줄이기 위해 조정지역 내에서는 실거주 의무를 지켜야 하기에 2년 실거주 기간도 채운다면 앞으로도 최소 5년은 더 소유하게 될 것이다. 2017년 분양권 매수 시점부터 하면 총 보유 기간은 7~8년이다. 이렇게 단기간에 매도차익을 남기는 아파트 단기 투자가 아닌 경우에는 아파트 투자도 보통은 장기 투자를 해야 수익이 많다. 아파트 투자나, 토지 투자나 사서 오래 묵힐수록 돈이 되는 장기 투자다.

꿀팁 다주택자 토지 투자 이것만 알면 된다.

① 수익성 : 투자금 대비 수익금이 확실한 땅이어야 한다.

② 환금성 및 안정성 : 투자 후 반드시 매도될 땅이어야 한다.

③ 토지이용계획에서 지역지구당 지정 여부 : 도시지역, 제1종 또는 제2종 주거지역 확인

④ 도시계획열람 : 계획도로 등 도시계획 확인 필수

2

1인 기업 메신저로 또 다른 파이프라인 만들다

나는 지금껏 태어나서 29년을 직장 근로자 생활을 했다. 나의 자격 및 경력을 쌓아서 월급을 높이는 월급쟁이 생활을 평생 유지하는 삶을 살아왔다. 그런데 직장생활을 하면서 또 다른 수입(파이프라인)을 만든다는 것은 실로 신선하다. 파이프라인은 내가 잘하면서 관심이 있고 재미를 느끼며 소득으로 연결되는 것을 늘리는 것이다.

나의 장점 찾기

나는 글을 잘 쓴다.

기록하는 것을 좋아한다.

부동산 투자를 잘하고 있다.

나는 컴퓨터를 잘 다룬다.

나는 오지랖이 많다.

나는 다른 사람들에 도움을 주고 싶다.

나는 책 읽기를 좋아한다.

나는 새로운 것을 도전하는 것을 좋아하고 스릴을 느낀다.

나는 앞으로도 행복하게 살고 싶다.

내가 생각하는 것은 어느 정도 이루어진다.

나는 주변에서 대단하다는 이야기를 많이 듣는다.

나는 주변 지인에게 활력이 넘친다는 말을 자주 듣는다.

나는 아이디어가 많다.

나는 생각이 창의적이다.

나는 추진력이 좋다.

이 많은 나의 장점 중에서 내가 바로 할 수 있는 것은 글을 쓰는 것이었다. 그래서 2012년도에 개설해놓은 블로그를 생각했고, 블로그에 내가 경험한 것을 2020년 9월부터 글로 쓰기 시작했다. 블로그 내용은 ① 직장인 부동산 투자 ② 나의 일상 ③ 좋은 정보 등으로 구성하고 글을 연재하고 있다. 처음에 글을 쓰는 것이 막막하고 부끄럽기도 했지만, 꾸준히 글을 썼다. 지금은 내가 써온 글들이 전국에 공유되어 내 글을 읽은 많은 사람이 전국 각지에서 블로그를 통해 부동산 컨설팅을 받으러 찾아오고 있다.

내가 경험한 것이 사람들에게도 도움이 되고, 내게 돈이 된다는 것이 신기했다. 그래서 내가 잘하는 것이 무엇일까 생각해보니 아무래도 경제적인 것이 큰 부분인지라 1인 기업의 사업내용을 '자산관리 및 자기 경영 컨설팅'으로 정하고 국세청에 사업자등록을 신청했다. 사업자명은 '랑다르크'이다. 상담은 주로 자기계발, 자기경영, 자산관리, 부동산 투자 등으로 하고 있다. 좋은 정보와 도움이 되어야 하기에 더 많은 경험과 공부, 그리고 정확한 정보 전달을 위해 나도 함께 공부가 되니 컨설팅으로 더욱 성장하고 있음을 느낀다. (자산관리 컨설팅 문의 : 네이버 블로그 '랑다르크' 공지사항, 이메일 : fkdfkd22@naver.com)

3

LH공사에 아파트 매도 노하우

조정대상지역이 되면서 '요즘 집이 안 팔려요.'라는 내용의 카페글을 많이 보아서 내가 했던 경험 중 하나인 LH공사에 아파트 매도하는 방법에 대하여 적어보겠다.

살고 있던 집에서 새로운 곳으로 이사를 해야 하는데 기존의 주택이 제때 팔리지 않으면 걱정이 태산이다. 부동산에 내놓은 지가 얼마인데 집을 보러 오는 사람도 없으면 오죽 답답할까? 나도 경험해봐서 그 심정을 잘 안다. 2019년 4월 새집으로 이사를 할 때 아파트가 팔리지 않아 빈집으로 두고 이사를 왔다. 입주하는 아파트는 주택담보대출을 풀로 받아 잔금까지 납부가 가능해서 기존 아파트 매도 자금이 급하게 필요하지 않았기에 가능했다.

생각해보면 공실 기간은 3개월이었다. 그러나, 언제 팔릴까 하는 걱정에 그 기간이 무지 길게 느껴졌다. 2019년 4월 이사를 해야 해서 부동산에 2018년도 가을부터 매물을 내놓았다. 신축 밭에 구축 아파트였고, 초품아(초등학교를 품은 아파트)였기에 매도가 잘 될 줄 알았다. 하지만, 사람들이 신축 아파트에 관심이 쏠려 있던 때라 구축 아파트는 관심이 별로 없었고, 내가 내놓은 아파트는 가장 안 팔리는 1층이었다. 내놓은 집이 어떻게 하면 잘 팔릴까?

① 집수리는 필수

우리 집은 1층이라 밖에서 날아온 돌에 의해 유리 파손이 되었지만 교체하지 않고 살고 있다가 매도 시에 새시 유리를 교체했다. 그김에 LED 조명으로 전면 교체하고 현관 등 센서를 모두 교체하며 수리 완료했다.

② 부동산 거래

아파트 인근 부동산 여러 곳에 매물을 내놓았다. 그리고 자주 찾아가서 상황을 파악하고 부동산 사장님과 친분을 쌓았다.

③ 깨끗한 청소

입주 청소를 했다. 오래 살던 아파트라 찌든 때가 많아 입주 청소를 하고 한결 산뜻해진 집 상태로 방문객을 맞았다.

④ 방문자를 기분 좋게 해주기

현관 실내화 비치, 아로마 향기를 화장실, 현관 등에 비치하여 집을 보러 온 방문자가 편안함과 상쾌함을 느끼게 해주었다.

이렇게 매물을 내놓던 중 부동산을 통해 LH공사에서 아파트를 매수한다는 내용을 접했다. 매입 대상 아파트는 광주광역시 내 84㎡ 이내 아파트, 15년 이내 연식 아파트만 매입한다고 한다. 내 아파트가 이 기준에 해당했고, 준공연도는 2007년으로 2019년에는 13년 차에 하여 가능했다.

그렇게 소유하고 있던 아파트의 첫 매도를 하게 되었다. 나는 LH공사에 매도하니 약간 사회에 기부한 느낌도 들었다. 왜냐하면 LH공사는 주택을 저렴하게 매입해서 저소득층 및 신혼부부에게 저렴하게 전세를 놓는 사업을 하고 있기 때문이다.

LH공사에 내 아파트를 매도하는 방법

① 일단 홈페이지에 공고가 나면 서류접수하기

나 같은 경우 이 정보를 잘 몰랐지만, 부동산에서 정보를 줬다. 공고와 매도 타이밍이 맞았기 때문에 가능했다. 이후 부동산에서 관련 서류접수를 도와줬다.

② 서류 심사

서류 심사가 이뤄진다.

③ 감정평가단이 와서 아파트 내부 실사

부동산에서 LH에 아파트 내부를 볼 수 있게 보여줬다.

④ LH공사에서 가격 제시

앞엔 기부하는 느낌이 들었다고 했지만, 실제 제시받은 금액은 절대 기부하는 가격은 아니다. 시세 약 500만 원 전후 낮은 가격으로 가격 제시가 들어왔다.

⑤ 매매가격이 맞으면 계약 체결하기

드디어 매도되었다. 계약금(10%), 잔금(90%)을 받고 명의변경 완료! 이 과정은 약 3개월 걸렸다.

⑥ LH공사에서 요구하는 사항들 이행하기

전체 블라인드 철거 요청이 들어와서 과감히 철거했다.

⑦ 부동산 중개수수료 지불하기

부동산이 아니었으면 정보를 몰랐으며, 부동산을 통해서 진행했기에 중개수수료를 지불했다. 하지만 부동산을 통하지 않고 LH공사와 직접 거래를 하면 부동산 중개수수료를 아낄 수 있다.

4

분양권 매수, 매도 꿀팁

분양권 매수팁

① 부동산공인중개사를 통해 물건을 찾는다. 원하는 아파트의 동호수 및 전체 매매가 및 프리미엄 가격을 확인한다.

② 매수하기에 적정한 물건이 있다면 부동산공인중개사를 통해 매수 의사를 밝히고 매도자의 분양 계약서, 발코니 계약서, 신분증을 핸드폰 사진으로 받는다.

③ 계약금 100~300만 원 정도를 매도자 계좌로 이체한다.

④ 공인중개사를 통해 매매 계약서를 체결한다. 이때 매매대금 중 10%(계약금 100~300만 원 제외 남은 금액)를 매도자 계좌에 입금한다. (계약금 10%는 아파트 분양금액(확장비, 옵션) 전체의 10%이다.)

㉠ 분양사무실 명의변경 일자를 확인한다(공인중개사).

㉡ 중도금 대출은행에서 중도금 승계를 한다.

㉢ 분양사무실에서 명의변경을 한다.

㉣ 1차 계약금을 제외한 잔금을 매도자 계좌에 이체한다.

분양권 매도팁

① 분양권 매도 의사를 밝히고 공인중개사를 통해 물건을 내놓는다.

② 내 물건을 매수하고자 하는 매수자가 있으면 분양 계약서와 발코니 계약서, 통장 사본, 신분증 사본(사진)을 공인중개사에게 핸드폰으로 사진을 전송한다. 가계약금 100~500만 원 정도 계좌로 받는다.

③ 공인중개사무실에서 매매 계약서를 작성한다. (아파트 전체 매매대금의 10% 중 먼저 이체한 금액을 제외한 나머지 잔금을 받는다.)

④ 중도금 대출은행에서 중도금 승계를 한다.

⑤ 분양사무실에서 매수자에게 명의변경을 한다.

⑥ 총 들어간 비용 중 계약금을 제외한 잔금을 계좌이체로 받는다.

⑦ 매도 후 세무서에서 양도소득세 신고를 하고 세금 납부를 한다.